Biblioteca mínima, 141

CATORZE CIUTATS COMPTANT-HI BROOKLYN

W0213911

QUIM MONZÓ

CATORZE CIUTATS COMPTANT-HI BROOKLYN

BARCELONA 2004 QUADERNS CREMA

PRIMERA EDICIÓ *febrer de 2004*

Publicat per:
Quaderns Crema, S. A., Societat Unipersonal
Muntaner, 462 - 08006 Barcelona
Tel.: 934 144 906 - Fax: 934 147 107
correu@quadernscrema.com
www.quadernscrema.com

© 2004 by Joaquim Monzó
© d'aquesta edició, 2004 by Quaderns Crema, S. A.

Drets exclusius d'edició:
Quaderns Crema, S. A.

ISBN: 84-7727-408-8
DIPÒSIT LEGAL: B. 5.664 - 2004

ANDREU ROSSINYOL *Correcció de proves*
SERGI CHANG *Il·lustració de coberta*
ALÍCIA FERRAN *Assistent d'edició*
MARTA SERRANO *Gràfica i fotografia de solapa*
ANA GRIÑÓN *Preimpressió*
ROMANYÀ-VALLS *Impressió i relligat*

Sota les sancions establertes per les lleis, queden rigorosament prohibides, sense l'autorització per escrit dels titulars del copyright, la reproducció total o parcial d'aquesta obra per qualsevol mitjà o procediment mecànic o electrònic, actual o futur—incloent-hi les fotocòpies i la difusió a través d'Internet—i la distribució d'exemplars d'aquesta edició mitjançant lloguer o préstec públics.

TAULA

VISTA A L'EST
(desembre del 1989 - gener del 1990)

D'AEROPORT EN AEROPORT
(juliol del 1996)

TURISTA A BARCELONA
(juliol del 2001)

SETEMBRE A NOVA YORK
(setembre del 2001)

DUES CIUTATS D'ISRAEL
(abril del 2002)

VISTA A L'EST

LA NIT DE DIVENDRES

Arribes a Praga i s'esvaeixen de cop els interrogants que poguessis tenir sobre el detonant que ha fet que a l'Est hagi passat el que ha passat. La burocràcia, la ineficiència. És el vespre del dia que han nomenat Havel president de Txecoslovàquia, i la maquinària, la inèrcia de la rutina, encara no se n'ha adonat del tot. A la frontera, continuen donant-te l'estafa de canvi de sempre. Per aconseguir canviar diners (una obligació que t'imposen) has de continuar fent una hora i quinze minuts de cua. A les taquilles, dues canviadores: dues iaies que m'han recordat *Radio Fémina*, aquella emissió de les tardes de Radio España. Passar el control de passaports, quaranta-cinc minuts més. Després dels quals ja fa dues hores que he sortit del Tupolev 134A de les línies aèries txecoslovaques. I hauré de fer una hora més fins que aparegui l'equipatge. Tot d'una ho he vist clar: el motiu pel qual, de cop, els països de l'Est han deixat córrer el socialisme d'Estat és que no van presentar a temps una proposta de renovació per quaranta anys més. La mateixa burocràcia que han creat, tan barroca, fa impossible que res sigui on ha de ser ni que hi sigui quan ha de ser-hi. Per això, ells mateixos no han arribat a presentar les pòlisses a temps i tot s'ha ensorrat.

Als bars, als restaurants dels hotels, tothom contempla per la tele la proclamació de Havel com a nou president. Al taxi que m'ha portat de l'aeroport cap a Praga la ràdio oferia la veu del dramaturg—suau, atractiva—fent el discurs de proclamació. A la Staré Mesto milers de persones anaven de carrer en carrer. De Na Priákop a Ríjna. De Staromestské Námestí a la torre de la Pólvora, on—com explica Teresa Pàmies en el llibre *Praga*—Max Brod esperava cada dia, a les dues en punt, Franz Kafka. Milers de persones beuen a morro vi escumós i cervesa. A terra hi ha milers d'espelmes. Ballen. Hi ha una gran barreja de grups musicals. Toquen en escenaris, a les places, música tradicional i rock. Enmig d'innombrables banderers. A les parets, pintades: «Demokrazie» i «Havel». A les solapes, banderes txecoslovaques i xapes amb un Mr. Smiley transformat en el famós Fòrum Cívic. L'alegria de la gent és exultant. A les deu, quan ja queden pocs grups, apareix Havel en una finestra de la seu del Fòrum i canta amb tothom. ¿Una de les cançons que canten? «Olé... Olé... Olé... Olé... Ha... vel! Ha... vel!»

Mentrestant, ni una habitació d'hotel lliure. Al Čedok i el Pragodurg, els organismes pels quals passa el control de les habitacions d'hotel que es lloguen a Praga, són tan malcarats com la resta de personal de la ciutat, i retreuen al viatger la gosadia d'haver-hi anat sense haver confirmat abans l'habitació. Si se'ls replica que des de fa quinze dies cap hotel de Praga s'ha pres la molèstia de respondre cap tèlex contesten arronsant les espatlles.

Un enginyer txec, que va fugir fa quinze anys als Estats Units i que m'ha acompanyat en una de les cues, m'explica que als txecs els costarà desburocratitzar-se el cervell, adonar-se que la resta de la humanitat són tan persones com ells. L'enginyer txec —des de fa anys nacionalitzat americà—torna a Praga per primer cop des que en va fugir aprofitant unes vacances a Iugoslàvia. Ara viu a Califòrnia, a Sacramento, i quan li pregunto si està emocionat de regressar a Txecoslovàquia per primer cop després de quinze anys, em diu—fred com el vent que ara mateix bufa a la ciutat—que no, que més que emocionat està cansat del viatge.

Diari de Barcelona, 31 desembre 1989

GLORIA IN EXCELSIS «FÒRUM»

Per adonar-se que no és cap casualitat que, a Txecoslovàquia, el canvi hagi comptat amb l'empenta organitzativa del món teatral només cal fer un passeig pel carrer Národní. Un carrer que comença (o acaba) a la cantonada on s'alça el teatre Lanterna Magika. Un cop eludits els revenedors d'entrades per la funció d'aquesta nit—*Odiseus*—, es poden veure les dues pantalles de televisió que hi ha al primer pis, enfocades cap al carrer. Hi passen constantment, en vídeo, la cerimònia de proclamació de Havel com a president del país. Tret d'una obra de teatre molt de l'estil d'aquelles que ens oferien fa anys a *Estudio 1* i d'una pel·lícula sobre una rocker txeca dels anys seixanta que havia estat prohibida, és l'única cosa que he vist una vegada i una altra per televisió. És com si volguessin assegurar-se que és veritat que Havel és president.

La imatge de Havel és pertot: a les parets, als aparadors de les botigues, a les solapes de les americanes. Davant dels televisors de la Lanterna Magika, grups de gent embadalida. Només els falta fregar-se els ulls per comprovar si tot plegat no és, en el fons, un somni. Riuen. Havel fa bromes quan parla. Un home que s'adona que prenc notes en fa una deducció ràpida i em diu que és molt important parlar bé del procés txecoslovac.

Al mateix carrer Národní, més teatres i locals de jazz: l'Albatros, el Tivatlo Redouta, el Viola, el Nova Scéna i el Teatre Nacional. Tot al llarg del carrer —igual que a la plaça de Sant Venceslau—, centenars d'espelmes i de flors en honor de l'estudiant que la milícia va matar en una de les primeres manifestacions del mes de novembre. Prop d'un quilòmetre ininterromput d'espelmes i flors entre les quals patinen els adolescents. El carrer mor al riu Moldava, just davant del pont del Primer de Maig. El Teatre Nacional hi ocupa una cantonada. Davant del Teatre Nacional, la cafeteria Slávie, on va escriure molts dels seus contes Rainer Maria Rilke. I on Jaroslav Seifert es citava amb les adolescents. (De grog, ja no en serveixen).

A dos quarts de set del vespre comencen a tocar: un pianista, un guitarrista i una mena de bateria. Per tenir dret a escoltar els músics has de pagar cinc corones més, si no vols haver-te'n d'anar encara que no t'hagis acabat la vodka. Hi toquen jazz suau. Al bistrot Aurora, el bar que hi ha al costat de la seu del Fòrum (on Havel va a fer el cafè, entre reunió i reunió), hi sonen Madonna, els Bee Gees i George Michael, en una cadena hi-fi.

És la nit de Cap d'Any i la gent es prepara per

anar a la plaça Vella a celebrar l'entrada al 1990 davant del rellotge amb les figures i l'esquelet. Les ampolles de vi, escumós o no, gairebé s'han exhaurit. Ja fa un mes que estan de festa contínua pels carrers, i aquesta serà l'última nit. Amb les dotze campanades enterren tota una època. Els primers segons de l'any nou els anunciaran el primer any en què estrenen un president que estimen amb passió, si més no de moment.

Diari de Barcelona, 2 gener 1990

EL DESGLAÇ: AIGUA BRUTA

Al vol, avui, érem només nou passatgers. És un dels primers vols regulars que arriben a Bucarest. I els dos o tres que hi ha hagut fins ara han tingut un èxit de públic semblant. Bucarest és totalment blanc, amb un metre de neu que, a les carreteres, s'ha convertit en gel. A l'aeroport, el comitè de rebuda—tres soldats armats fins a les dents i una dona de paisà—, s'ha acostat fins a l'escaleta de l'avió i ha demanat els passaports. Dins de l'edifici d'arribades el color caqui s'ha fet dominant. Al costat del control de passaports—segona vegada que els controlen—dotze soldats. Després del tercer control de passaports i un cop escorcollada la maleta, arribem al hall central, amb soldats—joveníssims—pertot, fins penjats dels llums. Entre l'aeroport i Bucarest, cinc controls més. El taxista és un estafador simpàtic, d'aquells que et vol canviar diners a meitat del preu habitual, però com si et fes el gran favor. És seguidor de l'Steaua. Hi ha hagut rialladas quan ha sabut que jo era de Barcelona. Per agilitzar el tràmit al primer control de carretera em demana un cigarret pel soldat que se n'encarrega. El soldat ho agraeix, agafa el cigarret amb els guants posats i demana foc. A cigarret per control, els tràmits efectivament s'agilitzen.

Ara, per la tele passen un videoclip de Michael Jackson, aquell en què tot de gent famosa pregunta on és Michael Jackson i ell sense aparèixer. En principi, a l'hotel Intercontinental no hi havia habitacions lliures. Vint dòlars entre els fulls del passaport han fet que l'habitació lliure aparegui de cop. Ha estat un consell del taxista. La televisió continua sent un espectacle tan milicià com quan el Front de Salvació es va posar darrere d'aquella mena de taula, fa un parell de setmanes. Hi passen fotos fixes d'arranjaments florals. I videoclips anunciats per un senyor calb amb americana i corbata mal nuada. I, de tant en tant, entrevistes a ferits als combats contra la Securitate. Professors d'universitat, poetes, savis amb jersei estil Petre Roman, tots engeguen discursos ideològics. I gimnastes en acció. I grups folklòrics, estàtics. El gran moment, fa una setmana, va ser quan van passar-hi *El gran dictador* de Chaplin. La diferència entre la televisió romanesa i la televisió txecoslovaca exemplifica a la perfecció la distància entre els camins que segueixen tots dos països. La televisió txecoslovaca es va passar la nit de Cap d'Any fent un programa amb cantants i humoristes i gent famosa entre el públic. Al llarg de tota l'emissió van anar intercalant fragments de les pel·lícules que txecs i eslovacs no han pogut veure en quaranta anys. Les sàtires contra els buròcrates de l'antic règim (Husak, sobretot) eren constants. Davant de les càmeres, els millors actors del país feien burla dels comunistes. Aquí, en canvi, encara no tenen possibilitat de gaudir de les virtuts terapèutiques de la rialla.

Diari de Barcelona, 3 gener 1990

CORRUPCIÓ

Torna a nevar. Alguns cotxes i els autobusos circulen amb cadenes. N'hi ha que no, però, cosa que permet contemplar algunes patinades fenomenals i les hòsties consegüents. Els que avui fan negoci són els que canvien vidres. Com el Chaplin d'*El noi*. N'estan canviant tots els que es van trencar al voltant de la plaça del Palau, que, per cert, va ser construïda per Carles II durant els anys trenta, per assegurar-se un bon camp de batalla que li evités un possible cop d'Estat.

A les botigues hi torna a haver aliments i, esclar, cues. L'únic que no hi ha és cervesa. Les cerveseries són obertes però no en tenen per servir. Només n'hi ha als hotels de primera i a les nou de la nit ja no en donen. Sota un tanc, tres soldats i una noia amb un braçalet de la Creu Roja llegeixen el *Libération*. Uns metres més enllà, la Llibreria Francesa, tan plena de gent que no s'hi pot entrar. La clientela en surt amb les revistes—*Nouvel Observateur*, *Actuel*—, devorant-les. L'Institut Italià de Cultura, que és a prop, també té bastant èxit.

L'horitzó a Bucarest és fet de grues. Des de l'habitació de l'hotel n'he comptat cinquanta-tres. Avui les grues apareixen gairebé difuminades per la nevada que continua caient. Fa un fred mortal. I la calefacció no funciona ni a l'Intercontinental. Hi ha un acudit romanès que diu: «Tanca la finestra, si no els vianants es constiparan.» Potser la solució seria subornar el conserge de l'hotel i, per art de màgia, l'habitació s'escalfaria. La versió romanesa de la *mordida* mexicana és el *ciubuc*. Tot és corruptible, res no és transparent. No et refiïs ni dels semàfors. A Romania la sospita fa la migdiada a tot arreu, com Déu. ¿Per què van matar tan ràpidament Nicolae Ceausescu? ¿Qui tenia por que, en un judici complet, cantés més noms dels que interessava? ¿Què li deia Petre Roman a Ilescu, a l'orella, el dia que el van proclamar primer ministre? ¿D'on surt, ell? ¿De l'aristocràcia incontaminada del Partit? ¿Què hi fan tants implicats en el règim de Ceausescu, en el nou aparell polític? ¿De què s'ha mort, aquest que s'ha mort d'un atac de cor? ¿Per què el *Romanian News* lloa la situació actual d'una manera empalagosa, acrítica, amb la mateixa autocomplaença i demagògia amb què el *Pravda*, fa vint anys, lloava qui aleshores tocava lloar? ¿Quant de temps feia exactament que tot era a punt per la revolta? ¿Per què la televisió barreja entrevistes d'un dramatisme demagògic amb actuacions de cantants melòdics depravadament horteres? ¿Quin grau d'intimitat va tenir l'amistat íntima de Petre Roman amb Zoia, la filla del dictador?

No és un dels finals d'*Enredo* passat al pretèrit. És un petit mostrari que deixa entreveure la corrupció moral a què es referia, fa dos dies, el president txecoslovac Václav Havel. Deia: «La pitjor cosa és que vivim en un ambient moral contaminat. Ens sentim moralment malalts perquè ens hem acostumat a dir coses diferents de les que pensem. Hem après a no creure en res, a ignorar-nos els uns als altres, a preocupar-nos només per nosaltres. (...) El règim precedent—armat amb la seva ideologia arrogant i intolerant—va reduir l'home a una mera força de producció i la natura a una eina de producció. (...) Tots ens hem acostumat al sistema totalitari i l'acceptem com un fet incanviable, i d'aquesta manera contribuïm a perpetuar-lo. En altres paraules, tots nosaltres som—encara que en diversos graus—responsables que la maquinària totalitària funcioni; cap de nosaltres no n'és la víctima, sinó que tots en som els coautors.»

Havel es refereix a Txecoslovàquia. Comparada amb Romania, Txecoslovàquia és Suècia. Cosa que seria assumible si no fos que, per acabar de complicar les coses, Romania té tots els carrers i els edificis plens de banderes d'Andorra, encara que sense l'escut.

Diari de Barcelona, 4 gener 1990

LA FACULTAT DE CIÈNCIES DE LA INFORMACIÓ

Avui hi ha hagut una altra excursió col·lectiva a la famosa vil·la de Nicolae Ceausescu, que sortia del centre de premsa que hi ha instal·lat al primer pis de l'hotel Intercontinental. Amb prou feines s'hi han apuntat alguns periodistes gràfics, per allò de les fotos.

Els periodistes fan vida a l'hotel, tant al pis on tenen l'habitació com al primer, al centre de premsa. A les dues o tres sales de convencions que hi ha s'hi celebren les rodes informatives. La sala de telèfons és a la mateixa planta, al passadís. Aconseguir línia costa entre dues i tres hores. Els periodistes jeuen pels sofàs, fan bromes.

—¿Oi que vostè és Dan Fawlty, de *The Dooganooga Daily*? Ens vam conèixer a Budapest. No. A Belgrad, quan es va morir Tito.

Encaixen les mans. Passaran unes setmanes, uns mesos o anys, fins que es tornin a trobar a—¿qui sap?—Tirana, Estocolm o Pernambuco.

Tothom tracta de lligar-se les telefonistes—dues dones grasses, amb ulleres, simpatiquíssimes—perquè d'elles depèn tot el muntatge. Els porten tabac, cafès, llimonades, galetes. Un periodista italià—de

La Spezia—li explica a un altre que té proves d'un complot imminent. L'altre—que treballa per *Il Cazzo* de Rímini—li diu que ell ha parlat amb un del Front i que no li serveix de res tot el que ha dit.

—És un xorra.

Hi ha qui—com que Bucarest ja ha donat gairebé tot el suc que podia donar—es planteja fer un tomb per Transilvània. Però allò està també molt suat. El periodista en qüestió és en una butaca, contemplant amb fàstic el mapa del país que té a les mans, desplegat. Hi ha un periodista britànic, amb un vestit impecable i els cabells blancs, tot un senyor. Se'n fot, amb les telefonistes, del barbamec de l'*Usa Today*, que fa dues hores i mitja que és a la cabina de telèfon.

—Total, en trauran tres paràgrafs. L'*Usa Today* no és un diari. És un resum!—s'exclama, rient.

Hi ha un altre gran senyor, Ricardo Estarriol, de *La Vanguardia*.

—Estic cansat, noi. ¿Per qui diu que véns?

—Pel *Diari de Barcelona*.

—¿Pel *Diari de Barcelona*? Carai, com se les gasten. ¿T'hi penses quedar gaire?

N'hi ha que es dediquen a parar l'orella. Seuen a dinar amb el bloc de notes a la dreta i el bolígraf a punt. Tenen l'orella de pam i mig, i ofereixen una novetat petita a veure si en poden treure una de ben grossa. Hi ha un tal Hermann, d'*El País*, que brama de tal manera a l'auricular que les telefonistes li han de cridar l'alto. I després hi ha la periodista txeca. Venia al mateix avió que jo: espectacular, rossa, d'ulls verds i amb uns texans que és com si no hi fossin. Quan entra al centre de premsa no diré que tothom calli, però sí que hi ha un instant que tots els periodistes deixen de respirar.

Les habitacions són obertes. Les han convertit en oficines on es barregen les càmeres amb els plats de menjar, plens i buits. Al pis número nou—que és on sóc—, la Cnn és la reina. Tothom entra i surt, d'una habitació a l'altra, de manera que per fer vida social el millor és quedar-se al passadís i fer-la petar. Avui el tema de conversa interessada (a veure si algú en sap alguna cosa més) és la possibilitat que el Front de Salvació Nacional es converteixi en partit i, doncs, s'instal·li un nou monopartidisme a Romania.

A la nit s'arrosseguen pels restaurants i pels bars de l'hotel. El Panoramic al pis vint-i-dos. El Luna i el Balada al vint-i-un. El Belvedere al segon, a prop d'un aparador de Gerovital. El Beer Pub, el Corso i el Madrigal a la planta baixa. (Al Corso, per cert, serveixen *vacuda catalan*: *Catalan Beef*, segons la traducció anglesa.) D'un bar a l'altre circulen les prostitutes habituals: una dotzena, més o menys.

En aquestes condicions, no es mouen gens de l'hotel, els periodistes. Tant se'ls en fot ser aquí com a les Seychelles. Els que ho tenen més fotut són els gràfics, que—si més no—han d'acostar-se fins a la plaça del Palau, que és a tocar, a fer-hi algunes fotos o gravar-hi vídeos. Cinc-cents metres més enllà de l'hotel, ni un periodista. No diguem, doncs, pels voltants de la Gara del Nord, per Grivita-Rosie, o pels voltants de l'estadi del Dinamo, un club que segons diuen té els dies comptats.

Esclar que les facilitats són moltes. Avui mateix, al hall de l'hotel un noi romanès m'oferia, a bon preu, un lot de fotos de—segons ell—membres de la Securitate, morts, amb tot de puntes de cigarret a la cara, que la gent hi havia llençat per mostrar l'odi. Si no m'interessaven en tenia d'altres. Gairebé ha tret el catàleg per ensenyar-me'l.

És a dir: ni per les fotos no els cal sortir de l'hotel. Josep Pla, segons els entesos, feia el mateix; de vegades si més no.

Diari de Barcelona, 5 gener 1990

LA PERLA I EL CADÀVER

Fa quatre anys, Nicolae Ceausescu va fer un discurs en què va anunciar que Bucarest deixaria de ser la capital de Romania. La nova capital seria Tirgoviste, actualment capital de la província de Gimpovita. Nicolae Ceausescu estava impressionat per l'esperit d'iniciativa de la indústria i l'agricultura local. Tirgoviste té prop de noranta mil habitants i és a uns setanta quilòmetres al nordoest de Bucarest.

Aquesta va ser una de tantes vel·leïtats de l'antic dictador. Igual que ha passat a l'Argentina amb Viedma, la brasilització romanesa ha acabat sent paper mullat. N'expliquen moltes, de ridiculeses de l'antic règim. Era un secret conegut per tothom que Ceausescu havia donat ordres perquè li construïssin el mausoleu sota el Centre Cívic, l'àrea del cor de la ciutat on s'han enderrocat nou mil tres-cents edificis per reedificar-ho tot segons les seves idees urbanístiques. Si t'havia de rebre el Conducator, els xofers que t'hi duien aturaven el cotxe a la cantonada del palau i s'esperaven, perquè el convidat arribés una mica tard a la cita. Un cop, van omplir un autocar de periodistes per dur-los a veure Bulgària. Van fer el viatge per carreteres sinuoses i interminables.

Finalment els van fer baixar a tots. Eren a uns metres de la frontera. El guia va assenyalar més enllà i va dir:

—Allò és Bulgària.

Els va fer pujar de nou a l'autobús i, xinoxano, van fer una altra vegada cap a Bucarest.

Algunes d'aquestes històries les expliquen els corresponsals veterans, que miren amb cert menyspreu els enviats especials, com si aquests fossin fast food i ells el Maxim's de París. Un dels escenaris ideals per aquestes converses és l'Athénée Palace, un hotel que des dels anys trenta ha estat un niu d'espies, o això és el que diuen. En aquella època—evidentment—encara no existia l'Intercontinental i l'Athénée Palace era el centre de les intrigues de la ciutat. Les prostitutes seien directament i professionalment al hall d'entrada. Treballaven per la policia del rei Carles II i, per fer-se un sobresou, també per la Gestapo o pel servei britànic d'intel·ligència.

Als anys cinquanta van refer l'hotel. Totes les habitacions tenien micròfons, telèfons controlats i tothom—de les cambreres a les prostitutes, els conserges i els artistes que seien lànguidament al costat d'un got de *tuica*—, tothom es xivava a la policia secreta. El mateix va passar després en aquest Intercontinental. I encara passa ara, segons sospita Russell W. Baker, que és aquí treballant pel *Christian Science Monitor* i pel *Village Voice* a la vegada.

Va ser dels primers a entrar al país, quan van obrir la frontera des d'Hongria, amb un cotxe que compartia amb un parell de francesos. Al tal Baker avui se li acosta un home de roba gastada, per explicar-li la vida. L'escena té lloc a la primera taula del Beer Pub. L'home explica que és periodista. Periodista romanès, diu.

—¿Vostè també és periodista? ¿Americà? Vostè és periodista americà. Jo, periodista romanès. Iguals.

Després resulta que, més que periodista, és escriptor. Ha escrit moltes novel·les i obres de teatre, i llibres de poemes, diu. Però no els ha pogut publicar ni estrenar mai perquè Nicolae Ceausescu el censurava. De tant en tant intercanvia algunes paraules amb una de les putes de la taula del costat, que riu. Més tard explica que s'ha passat un any i mig a la presó i que, si volem—a aquestes alçades jo també he entrat a la conversa—, ens pot explicar tota la seva història. A canvi, esclar, d'algun favor. Perquè, com que no podia publicar, s'ha convertit en un home de negocis. Literal.

Hi ha un proverbi romanès que diu: «La perla jeu al fons del mar mentre el cadàver sura a la superfície.»

Diari de Barcelona, 6 gener 1990

EL FUTUR QUE S'ACOSTA

Les cues davant de l'ambaixada dels Estats Units per obtenir-hi un visat són més llargues que cap de les altres, incloses les que hi ha als quioscos. N'he vist una que ha durat dues hores, fins que ha arribat la premsa. Ara que el nou govern ha establert el dret a emigrar hi ha molts romanesos decidits a dir adéu per sempre més a aquest país, hi hagi canvi o no. Com va fer Nadia Comaneci, però legalment. A l'aeroport, davant del taulell de la Austrian Airlines, una dona—d'uns quaranta-cinc anys, gastada, amb un mocador al cap—, era la primera a la cua per anar-se'n. L'acompanyaven dotze nens i nenes, fills seus, que feien tota la gamma des dels—posem—deu mesos fins als catorze anys. Duien munts de jerseis sobre munts de jerseis; les noies, mocador al cap i mitges de llana, tricotades; els nois, americanes que els anaven curtíssimes. La dona portava els passaports a la mà. Quan ha arribat el moment del check-in s'ha acomiadat de tres dones i un home que, per l'edat, no podia ser-ne el marit. S'han besat, han començat els plors. De seguida tot eren mocadors i ulls vermells. Es besaven amb la intensitat que dóna la convicció que potser no es tornaran a veure mai més. Quan l'hostessa els ha demanat quin equipatge portaven, la dona ha dit que no en portaven cap.

La misèria és indissimulable, a Bucarest. Al mateix Centre Cívic, la gran glòria arquitectònica de Ceausescu, hi ha una mena de gran mercat, de quatre pisos, amb una plaça interior i una altra d'exterior. En teoria s'hi pot comprar de tot: verdures, carn, peix, productes làctics, confeccions, eines agrícoles, bústies per les cases, corretges pels gossos... A la pràctica els taulells són gairebé buits. A les parades de verdures només hi ha espècies i alls, cosa que a Romania no pren cap sentit especial, ni considerant que Dràcula hi va néixer, viure i morir. A la Calea Victoriei hi ha uns grans magatzems (Victoria) que semblen sortits del túnel del temps. Pitjor assortits que Can Jorba fa trenta anys. O, perquè ho entenguin els menors de quaranta, com Vinçon quan exhibeix productes de la Xina i de la República Democràtica Alemanya, però sense la pietat que donen la distància i l'exotisme.

Bogdan—que fa de traductor pels periodistes de l'Intercontinental—ha arribat a casa amb un sac de patates, un pot de paté i deu pomes. Ho ha abocat tot sobre la taula del menjador, somrient.

—No m'he vist amb cor de lluitar per les taronges—ha dit, i ha esbufegat.

La misèria es palpa fins i tot en els bitllets. Tots

estan tan gastats i tan prims que a penes s'hi pot llegir què hi diu i cada vegada que n'agafes un et queda un rastre de pols a les mans. Passi el que passi, res no pot ser pitjor que el que ha estat. Diuen que estan contents. L'altre dia, la gent cantava: «Olé...! Olé...! Olé...! Olé...! Ceausescu nu e!»

Molts intenten entrar a l'hotel Intercontinental per fer amistat amb els estrangers. El porter—un home mostatxut, rodó com una bola de billar i que sembla tret d'una novel·la del segle passat—els fa fora a crits. Al vidre de la porta hi ha, net, el forat d'una bala, a dos pams del terra.

També hi ha els impassibles. Caru Cu Bere és una de les dues grans cerveseries de la ciutat. Amb dotzenes de columnes daurades, sostres verds, vitralls i escuts a les parets: sobre fons de gules, un pal atzur en diagonal. (Em sap greu, Fluvià, ja sé que un pal, en heràldica, és sempre vertical, però no sé com se'n diu, de la franja que travessa l'escut obliquament, i aquí no tinc cap diccionari.) M'hi he instal·lat, ben assegut, i he anat prenent cervesa i salsitxes picants, i aleshores ha arribat un noi. No devia pas tenir més de dotze anys. Pàl·lid. M'ha demanat si podia asseure's a una de les cadires buides de la taula on jo era. Li he dit que sí. S'hi ha assegut. Ha vingut el cambrer. El noi ha demanat dues cerveses. El cambrer l'hi ha portat. El noi ha anat bevent. Glop a glop, primer una gerra, després l'altra. Durant més d'una hora ha tingut fixa la mirada al mateix punt del vitrall. Quan me n'he anat, ell s'hi ha quedat, amb la vista immòbil fins i tot quan aixecava la gerra per dur-se-la als llavis. ¿En què pensava, amb els ulls inerts durant tanta estona? ¿Era potser el príncep Mony Vibescu, l'hospodar hereditari que protagonitza les *Onze mil vergues*, que comencen a Bucarest, amb aquest príncep Vibescu pixant llargament contra la façana del viceconsolat de Sèrbia? Uns metres més enllà—en la realitat, no en la novel·la—, una altra cua. Amb un paquet a la mà una dona surt de la porteta cap a on tots s'adrecen. N'arriba una altra i li pregunta què hi reparteixen en aquella cua.

—Cafè.

—¿Quant te'n donen?

—Un quilo.

Baixar als túnels que va construir la Securetate és la segona cosa més impressionant, a Bucarest. La primera, sense cap mena de dubte, la morgue: rengles i rengles de cadàvers, alineats, l'un al costat de l'altre. Als túnels només hi pots entrar uns metres, i fent grup amb dos periodistes més. Enllà, quilòmetres de passadissos, de dimensions diverses, amb conduccions d'aire i electricitat. De tant en tant, un llit turc arrambat a la paret. O una prestatgeria. O una taula i una cadira d'oficina. ¿Què en faran, d'aquests túnels? ¿Mantenir-los? ¿Omplir-los de ciment o de terra? Igual que van comercialitzar Dràcula—amb els Dracula Tours que es feien pels llocs on havia viscut el príncep Vlad l'Empalador—, les agències de viatges aviat podran oferir un recorregut per l'època Ceausescu i convertir-ho en una atracció semblant als túnels de la por del Tibidabo. Amb molta saviesa els romanesos diuen: «Déu és gran, però el dimoni també s'espavila.»

Quan arribo a l'aeroport per anar-me'n, el panorama ha canviat lleugerament des del dia de l'arribada. Funcionen els televisors que hi ha a les parets, sobre els taulells, connectats a la Televisió Romanesa Lliure. Els altaveus de l'aeroport n'emeten el so. Avui hi ha cinc vols d'arribada i cinc de sortida. Un a París, un a Bagdad, un a Viena, un a Berlín i un a Frankfurt. Els avions, però, tenen prohibit fer nit a Bucarest. Arriben, descarreguen passatgers, n'agafen d'altres i s'enlairen. Hi ha més gent a l'aeroport que quan vaig arribar-hi. Fins i tot hi ha més gent que no pas soldats. De cop, a la televisió, passen el videoclip de la lambada. Ja ha arribat a Romania. La gent, automàticament, corre cap als televisors, els envolta i els contempla amb delectació. Somriuen. No en perden ni un detall. Els soldats tampoc. Tots els que són a prop d'un televisor s'hi acosten. També els policies, que van de blau. Si ara els agents de la Securitate apareguessin en aquest hall de l'aeroport de Bucarest trobarien tothom desprevingut. Quan el videoclip s'acaba es miren els uns als altres i riuen. Tot seguit passen *Invisible man*, de Freddy Mercury. No els interessa tant, de moment.

Diari de Barcelona, 7 gener 1990

D'AEROPORT EN AEROPORT

MENJAR A LONDRES

Les normes socials dicten que és imprescindible viatjar durant les vacances. Si el veí va a Praga, nosaltres a Florència. Si ell va a Florència, nosaltres a Moscou o a Portugal. Avui, qui no fa el seu viatget anual no és ningú. I, de vegades, francament, és un pal veure's obligat a visitar com més països millor (que no t'interessen gens), tan sols per, després, ensenyar els vídeos a familiars i amics que, en el fons, no tenen cap ganes de veure'ls, i si hi accedeixen és només per, acabada la sessió, contraatacar amb els seus propis vídeos o diapositives.

Hi ha una solució. Viatjar, però només als aeroports. Es tracta d'anar a l'aeroport d'una ciutat, pendre una copa al bar, fer una pixadeta al lavabo i un cop d'ull pels finestrals i—sense perdre temps en taxis, hotels incòmodes o cues per veure monuments—sortir disparat cap al pròxim avió, que ens durà a l'aeroport següent. I pels vídeos no cal preocupar-se. A totes les Duty Free Shops venen vídeos amb el més interessant de cada lloc. Només cal llençar-ne la caixa, tallar-ne els títols de crèdit i fer-los passar per vídeos propis. I, de souvenirs, n'hi ha a tots els aeroports. Aleshores, ¿quina necessitat hi ha de desplaçar-se fins a les ciutats? Cap ni una.

L'aeroport de Heathrow, a Londres, és allò que se'n diu un clàssic. Ja Monty Phyton, en una cançó—*I'm so worried*—, ironitzava sobre un cantant que es lamentava amb amargor dels grans mals del món: la guerra de l'Orient Mitjà, la destrucció del medi ambient i, sobretot, «el sistema de recollida d'equipatges que tenen a Heathrow». Vint-i-cinc anys després, el sistema de recollida d'equipatges funciona com aleshores. Igual que les cues al control de passaports: lentament. Fins i tot són una mica més llargues aquests dies, des de la bomba al boeing de la Twa.

Hi ha molta maleteta amb rodes. I molta botiga de maletes de viatge. Precisament, la lluita per eludir la recollida d'equipatges ha provocat autèntiques meravelles en el disseny de valises, amb capacitat però que no sobrepassen les mides autoritzades com a equipatge de mà. Samsonite ha creat fins i tot la maleteta Mobile Office, una oficina portàtil on hi caben l'ordinador, els dossiers, la impressora i els calçotets.

Heathrow és un dels tres aeroports europeus on podries passar una setmana de vacances sense gaires problemes. Els snacks són una meravella. Hi ha també una botiga inhabitual en altres aeroports—Whiskies of the World—, amb centenars de marques i un petit taulell on s'ofereixen degustacions: «Complimentary tasting today: Glenmorangie, Glenkinchie, Clynelish.»

A part de les samarretes ja conegudes («London», «England», el plànol del metro...), els souvenirs més comuns són reproduccions en miniatura de taxis, autobusos i bústies londinenques—negres els primers i vermells els dos últims—, bobbies, guàrdies amb barret alt, pelut i negre, clauers amb aquests mateixos guàrdies, clauers amb la carrossa reial i clauers amb taxis londinencs. A la terminal 2 hi ha una botiga—Past Times—amb objectes a major glòria del passat: copes medievals, tasses Tudor, espelmes Estuard, dotzenes de varietats de te i *Sense and sensibility* en tres edicions diferents. Els prestatges van per èpoques: «Medieval Britain», «Roman Britain», «Viking Britain», «Tudor Britain» i «Stuart Britain»; prestatges que el ramat que travessa el passadís cap a la Costa del Sol repassa sense cap interès especial. Tampoc no interessen als russos que vénen en direcció contrària. Hi ha molts russos a Heathrow, amb la cinta groga—«Aeroflot Russian Airlines»—al voltant de la nansa de la maleta.

Hi ha unes quantes llibreries WS Smith. Un client—habitual, per la familiaritat que fa servir—comenta amb el dependent la relliscada econòmica de l'última novel·la de Martin Amis, *La informació*, que és ben lluny d'haver recuperat els gairebé cent milions de pessetes que HarperCollins li va donar d'avançament. En quasi un any i mig només ha venut cinquanta mil exemplars en tapa dura, i des de l'octubre el tenen rebaixat: a nou-centes pessetes. El llibreter li dóna la raó: comparats amb els cent vint mil exemplars de tapa dura que Vikram Seth ha venut d'*Un bon partit* és evident que és poca cosa. I en llibres de butxaca—postil·la el client—, Amis no ha arribat ni a entrar a la llista dels deu més venuts. En canvi—explica el llibreter—, s'ha embutxacat cinc milions per sis articles de premsa sobre el campionat de tennis de Wimbledon.

En el pub Tap & Spile un home fulleja un exemplar de *The Sun*, que treu en portada la nòvia del príncep Carles, Camilla Parker, obrint la boca per ficar-s'hi un hot dog. El titular: «Li agrada un bon hot dog». L'home menja peix amb patates.

Un dels esports preferits dels continentals és, encara ara, fer mofa del menjar anglès. Però, curiosament, els anglesos dignifiquen el menjar d'aeroport com poca altra gent. Fa quatre anys, l'Ens d'Aeroports Britànic va encarregar al crític gastronòmic Egon Ronay que muntés un sistema d'avaluació constant dels restaurants i pubs dels seus aeroports. Mensualment, cinc crítics comproven la qualitat dels plats. Això ha fet que tots intentin lluir-s'hi. El Harry Ramsden's, de la terminal 1, se situa ja a l'alçada d'alguns bons restaurants de ciutat. Compararlo amb alguns antres que a l'aeroport de Barcelona es fan passar per restaurants seria una baixesa.

El Periódico, 29 juliol 1996

RESAR A ROMA

Itàlia és el país de l'art. Mentre altres ciutats anomenen els seus aeroports Charles de Gaulle o John F. Kennedy, el de Roma el bategen com a Leonardo da Vinci. Encara que després ningú no en digui així i faci servir el nom senzill i tradicional de Fiumicino.

Una bona excusa per viatjar a Fiumicino és fer-hi un cafè. O, encara millor, un bon plat de pasta i després un cafè. Però, de manera insospitada, aquests dies hi ha un problema d'hostaleria a Fiumicino: tots els restaurants i bars de l'aeroport estan tancats per vaga. La paraula «Sciopero!», amb cada lletra escrita en una pàgina de bloc, apareix a cada persiana metàl·lica de cada bar i a cada porta tancada dels restaurants. I altres paraules diverses: «Ladri!», per exemple. I «Ci stiamo preparando per il giubileo!» Segons la nota explicativa dels vaguistes, l'empresa els ha enviat setanta-cinc cartes d'avís previ d'acomiadament. Per això s'han declarat en vaga. Estan així des del 10 de juliol i continuaran fins que retirin els avisos previs. Un, quan veu que s'esfuma el plat de pasta, se sent com la protagonista de *Zazie al metro* de Raymond Queneau: aquella nena que va a París il·lusionada, no per veure la Torre Eiffel, ni Montmartre, ni els monuments de rigor, sinó el metro; i el troba tancat per vaga. Passar un dia a l'aeroport romà sense la perspectiva d'un plat de pasta és descoratjador. S'ha de tocar el dos com més aviat millor.

Per esperar l'avió es fa imprescindible un passeig per les llibreries. Comparteixen lloc preferent la segona edició del llibre d'Alba Parietti, *Uomini*, i el *Diario in Bolivia* del Che Guevara, que segons sembla està en ple revival. (Als aeroports d'Oslo i Frankfurt també hi ha noves edicions del diari del Che. Els que no se'n van desfer en la penúltima mudança podran presumir d'haver-se avançat a la moda.) Al prestatge de les revistes, *Panorama* regala el vídeo de *Bilbao*. A Itàlia—ja a punt de caramel *Bambola*, amb Valeria Marini—viuen una febre Bigas Luna. Un americà i una americana—seriosos i cridaners, amb aspecte de tenir ganes de tornar a casa—repassen la premsa que hi ha als prestatges: diaris i revistes italianes, franceses, alemanyes, espanyoles, angleses. Amb un rictus de decepció i desgrat, ell li crida a ella: «It's all European stuff!» Quatre monges corren cap a la zona d'embarcament de les portes B.

Els restaurants són tancats, però a les botigues d'alimentació hi ha de tot: espaguetis, spaghettini, farfalle, strozzapreti, penne rigate, strangozzi, torcelli, conchiglioni, bolets secs, salami, mortadel·la, gorgonzola, parmesà, Baci Perugina—esclar—, cafès, grappa, sambuca, amaros, amarettos, chiantis... I una mena de coca allargada titulada, ni més ni menys, «Dolce del Papa». I subtitulada: «Delizia al cioccolato e mandorle». Per megafonia donen dos avisos simultàniament: dues veus de dona anuncien, una un vol, i l'altra que un determinat passatger es presenti a tal porta d'embarcament. Però ho diuen a la vegada i no s'entén gaire.

A la zona de vols nacionals hi ha cartells amb la continuació de l'espot de Martini de l'any passat. Aprofitant el cinquanta aniversari de la invenció del bikini per l'enginyer Louis Reard, l'eslògan diu: «Bikini di vita, baby!» A sota, el logo: MARTINI. A la foto, la rossa i el noi de les ulleres fosques són dins de l'aigua. Abraçada al noi, la rossa du el cul completament a l'aire. ¿El vestit de l'any passat es va esfilagarsar finalment? ¿Per què aquest cartell encara no ha arribat als pirulís del nostre país? Una porta amb alarma anuncia la seva condició de manera commovedora: «Attenzione: porta allarmata».

Pocs clients a les botiguetes de sabates italianes. Pocs també a les de vidre de Murano. I milers i milers de corbates. A les corbateries italianes fins i tot t'agafen ganes de posar-te'n. Els de la botiga de joies de Cartier—un senyor amb masclet i una senyora bronzejadíssima, tots dos vestits de vint-i-un botó—van comptant el pas lent de les hores. No veig que ningú no els compri res. Evidentment, venen molt més les botigues de souvenirs massius. Titelles de Pinotxo. Estatuetes de la lloba amb Ròmul i Rem, mamant. Quàdrigues. El Moisès de David. La Primavera de Botticelli naixent de la petxina lasciva. La Santa Cena. La Pietà. La catedral de Sant Pere. La Torre de Pisa. Torsos—d'uns quinze centímetres d'altura—de Cèsar, Trajà, Tiberi, Caracalla i Septimi Sever conviuen amb torsos de Joan Pau II. Les estatuetes desperten l'atenció d'un nen.

—Questo che è?—pregunta, mentre estira del braç de sa mare per acostar-la a la botiga. No disposada a perdre ni un segon, la mare estira per la seva banda del fill i l'allunya.

—Niente, Marco Antonio, è tutto artigianato.

Un altre tors de Joan Pau II—una mica més gran: potser vint centímetres—costa cent deu mil lires, i somriu, feliç, entre diverses estàtues de Venus i, una vegada més, la Primavera de Botticelli. Per megafonia avisen que a les cinc hi haurà missa a la capella. Podria ser una manera de passar el temps. Però amb prou feines si falta un quart per l'avió i val més fer via. Una altra vegada, doncs, al control de passaports. Els que hi assisteixin, ¿resaran perquè als seus vols no hi hagi cap accident? No s'ha d'oblidar que la relació entre la religió catòlica i l'aeronàutica és ben estreta: n'hi ha prou de recordar l'Esperit Sant, precursor tant de la fecundació in vitro com dels mateixos boeing.

El Periódico, 30 juliol 1996

RAMATS A PRAGA

Vaig ser a Praga el desembre del 1989. L'aeroport era lent i amb llum escassa. I els únics anuncis eren d'Havana Club, una cosa comprensible perquè Cuba era comunista i Txecoslovàquia ho havia estat fins unes hores abans. Ara, anuncis d'Havana Club no n'hi ha cap. N'hi ha, en canvi, de Diners Club, Siemens, Olimpus, Hyundai, Visa... L'aeroport és lluminós i clar i la cinta de recollida d'equipatges no sembla, com aleshores, l'accés a una dependència de tribunal. En una parada, a prop d'«Arribades», hi ha cartells amb estrelles verdes. A Praga se celebra el 81è Congrés Esperantista. L'home que hi ha rere el taulell deu tenir més de setanta anys, amb dits secs com un gaig, i un jersei com el de Marcelino Camacho, però encara més gastat. Tret d'un, que és jove i amb el cap rasurat, els congressistes—que van arribant en avions successius, de diverses parts del planeta—són tots canosos.

Els snacks i la cafeteria són absolutament prescindibles. A les botigues de souvenirs hi ha molts titelles, per influència, suposo, de la Lanterna Magika i dels teatres de titelles de la ciutat. La sorpresa, per mi, són les samarretes Franz Kafka. Una novetat postrevolució de Vellut. Hi ha també gerres Franz Kafka, i tasses amb les paraules «Franz» i «Kafka» separades per la silueta en negre de l'escriptor. Les samarretes amb el lema «Kafka Prague» (en anglès, evidentment) comparteixen aparador amb altres on el lema és «I like beer» o «Fuck» escrit amb les lletres del logo de la Ford. Als quioscos de l'aeroport, els llibres de Kafka són omnipresents. També n'hi ha de Václav Havel i de Milan Kundera. Però de Kafka és de qui més exemplars i més títols s'hi exhibeixen. La literatura kafkiana ingressa així—per sorpresa de la indústria llibretera—en la categoria de «literatura d'aeroport».

A fora, entre tanta renovació i capes de pintura, a les parades d'autobús destaquen, com una herència del passat, les velles plaquetes de ferro esmaltat que indiquen les línies. Alguns tipus amb telèfon mòbil esperen l'autobús. L'occidentalització de la vida txeca és, doncs, definitiva. Que per l'emergent classe mitjana d'aquest país el mòbil sigui també un signe de modernització indica fins a quin punt han pujat al tren. L'anunci del model Star Tac de Motorola és, en aquest sentit, definitiu. Sota la foto d'una noia amb l'Star Tac, petitó, penjant del coll com una joia, el text diu: «Star Tac pot fer-se servir com a accessori de moda, per exemple penjant-lo al voltant del coll.»

A mitja tarda es detecten grups d'espanyols. N'hi ha molts que van carregats d'objectes de vidre de Bohèmia, convençuts d'haver-lo pagat a preu de ganga. Segons expliquen, hi ha espanyols per tot Praga. En ramats precedits, de vegades, per una guia que parla un espanyol ja no cubanitzat, com deu anys enrere. La invasió de turistes espanyols ha arribat a tal punt que—diuen—han obert botigues en honor seu. Una, el Café Rincón, a prop de la Staromestské Námestí, que ofereix, en castellanolleonès pur, «tapas y ensaladas, vinos y cervezas». Una altra: Catalunya, una botiga d'entrepans i embotits, a la Mostecká.

Per la seva banda, els ramats d'italians es mostren indignats: «Hi havia espanyols pertot arreu!» Han perdut l'antic liderat i això els molesta. Una parella—ell, polo vermell i ulleres; ella, brusa blava, morena—i una noia amb barret a qui caldria una dutxa intercanvien telèfons. ¿Realment es trucaran, o intercanviar-se els telèfons és pur protocol? Un francès malparla alhora d'espanyols i italians i estrafà, sense saber-ho, la suposada frase de Franco sobre Catalunya («Me gusta mucho Cataluña, lástima que esté llena de catalanes») i la converteix en:

—Mira que és bonica, Praga. Llàstima que sigui plena d'estrangers.

N'hi ha un que es passeja amb la càmera de vídeo a punt, seriós i tibat, com empalat amb una escombra, i passa la mirada per damunt dels que s'esperen als bancs. Avança com un pistoler del Far West, disposat a disparar la càmera de seguida que albiri una imatge digna de ser gravada. ¿No n'ha tingut prou amb el Castell, amb la torre dels rellotges, amb les esglésies, amb les estàtues del pont Carles, amb la sinagoga i el nou ChequePoint just al davant? Llàstima que la Torre de la Pólvora estigui coberta per les lones, en ple procés de restauració. No la va poder filmar. Quina pena. Potser l'any vinent. Però l'any vinent deu tocar Playa Bávaro, o Guatemala. O potser Croàcia. ¿Serà aviat a punt, Croàcia, per les riuades de l'homo turisticus? ¿I què filma ara a l'aeroport? ¿L'anunci de la Vseobecná Uverová Banka? Potser necessita imatges de l'aeroport per quan passi el vídeo a familiars i amics poder dir: «I aquí, a l'aeroport de Praga, esperant per sortir, que són uns triganers.»

De tant en tant s'acosta a la dona i a la filla, que són en un banc, amb aspecte cansat. No es diuen absolutament res. Ja deu fer dies que van sortir de vacances. La dona és rossa i porta ulleres fosques. La filla és castanya, guapa, amb un pectoral esplèndid. ¿Què deu tenir; setze anys? Quan l'home se'n va a la recerca de nous objectius, mare i filla intercanvien un mig somriure. Davant la porta d'«Arribades» l'home descobreix de sobte dos taxistes que esperen que els toqui la tanda jugant a escacs, i comença a filmar-los. Els taxistes el miren amb desgana i li diuen alguna cosa, però l'home no els entén.

El Periódico, 31 juliol 1996

DORMIR A COPENHAGUEN

La Csa no ha canviat de sigles, però ara el subtítol que hi posen és «Czech Airlines», amb la qual cosa l'essa de Csa no se sap ben bé a què correspon. L'avió va atapeït, però a la classe preferent—«Business Class» posa a la cortineta de separació—sóc l'únic viatger. La resta de seients són buits.

L'hostessa comença a recitar les instruccions per cas d'accident. Se situa al centre del passadís, just a la meva dreta, i comença a posar-se la màscara i a assenyalar les línies lluminoses que s'encendran si ens fotem una hòstia. Dubto si dir-li que per mi no es molesti, però és evident que ho ha de fer encara que només hi hagi un passatger. Si no n'hi hagués cap, ¿també ho faria? La situació em recorda la d'aquell cantant que—diuen—en una ocasió es va trobar amb un únic espectador, li va preguntar si li semblava bé que ho deixessin estar, l'espectador va dir que sí, que li semblava bé, i se'n van anar junts a fer un cafè. Aquí, l'hostessa no pot fer com habitualment: passejar la mirada de dreta a esquerra, ni mostrar el targetó a un costat i a l'altre, perquè de passatger només n'hi ha un, i en un únic costat. Fixa els ulls en mi i cada tant desvia la mirada perquè la situació és atorrolladora. A mi se m'escapa el riure. A ella també. Per això mira a una altra banda quan m'ensenya el targetó que suposadament he de repassar per si tenim un accident. ¿A quina hora arribarem a Copenhaguen? D'aquí a una hora i mitja, més o menys.

El de Copenhaguen és un aeroport per anar-hi amb criatures. Com en tots els aeroports escandinaus, l'atenció cap als nens és especial. Dinamarca és, a més, la pàtria de l'empresa Lego i per aquí a prop, més enllà dels finestrals d'aquest aeroport—en algun lloc que no sé detectar, a un discret munt de quilòmetres de distància—hi deu haver el famós Legoland, el parc fet a base de legos, amb cases, castells i rius. La devoció escandinava pels nens es manifesta en la gran quantitat de zones de joc que hi ha sempre a un lloc o altre de cada aeroport. Als vàters tenen urinaris especials, no més baixos—perquè els urinaris escandinaus són ja especialment baixos—, però sí amb un cartell que indica que són només per nens. El vàter, amb tassa i porta, està marcat amb un ninot, fet precisament de lego, i amb el cartellet ONLY FOR CHILDREN. Als quioscos, la zona dedicada a tebeos i llibres infantils és proporcionalment superior a les que hi dediquen a qualsevol altre lloc del món. Hi ha prestatges i prestatges plens d'historietes de Donald, Micky Mouse, Lucas i altres cinquanta personatges infantils. Amb la mateixa naturalitat, les revistes i els vídeos pornogràfics de la casa Private ocupen un lloc preferent a la botiga de discos i vídeos.

Al bar Take Off la desfilada és constant. És un bar no gaire habitual. Han tingut una idea senzilla: un racó de la barra anomenat The Last Coin Beer. Agafes les monedes escandinaves que et queden a la butxaca (aquelles que no podràs utilitzar, ni canviar per la teva moneda quan tornis a casa) i les poses sobre el taulell. Ells marquen, en un petit aparell que va acoblat al sortidor de cervesa, la quantitat exacta de corones que dónes i el sortidor et serveix la cervesa que hi correspon. Si dónes onze corones, marquen «11» a l'aparell i la màquina et dóna onze corones de cervesa a pressió. Si en dónes catorze, marquen «14». Si en dónes cinc, doncs marquen «5». És tot un èxit.

Al menú del bar de mariscos hi ha amanida de gambes, caviar, llagosta. Dins d'unes peixeres enormes hi ha llagostes vives, per emportar-te a casa. ¿Com a souvenir? Les promocionen amb l'eslògan: «Algú que t'estimes voldria menjar llagosta aquesta nit.» La llagosta i el salmó es repeteixen en tots els restaurants de l'aeroport. En un, el Hereford Beefstouw, la llagosta i el salmó comparteixen titulars amb el bou. Suposadament és un dels millors restaurants de carn del món aeroportuari. I potser sigui així: l'entrecot que hi vaig menjar—exquisit, sagnant i no fred de nevera—no el trobo a Barcelona. Després del refrigeri, un pot llogar una cabina per reposar. N'hi ha de dobles i d'individuals. Una de doble amb dutxa costa unes vuit mil vuit-centes pessetes. Com els meublés, és per estades curtes. Ideal per un quickie.

Souvenirs pels que no volen dur una llagosta a casa: samarretes amb la paraula «Danmark», amb la bandera de Dinamarca, cascos de víking de plàstic, pedres rúniques, foques, morses i esclops de porcellana. La Sireneta—no cal dir-ho!—en bronze, en pedra o en marbre. Drakars, trolls, víkings, porcs antropomòrfics, ocellets de porcellana.

Que Copenhaguen sigui enguany ciutat europea de la cultura no es nota gens. Alguna referència en algun fulletó oficial i punt. El que sí que es nota és la febre Bjarne Riis, el nou heroi nacional. Encara no han aparegut banderes daneses amb la cara de Riis al mig, però tot arribarà. De moment tenim Riis a les portades de diaris i revistes, i a les de quatre llibres, en un dels quals apareix al costat d'Induráin. Però, tot i la seva victòria a França, més portades que Riis en té Franziska van Almsick, l'hegemonia de la qual, en el regne de les portades, és, en aquests moments, inapel·lable. Només perillarà quan en comencin a aparèixer amb les jugadores olímpiques de voleibol platja.

El Periódico, 1 agost 1996

ROSTIR-SE A MALTA

No hi ha termòmetres a l'aeroport de Malta i això és d'agrair perquè així no afegeixes, al sofriment tèrmic, l'horror psicològic de saber exactament a quants graus et cous.

L'aeroport és tot novet. El van inaugurar just quan Barcelona estrenava la remodelació del seu amb motiu dels Jocs Olímpics. Fins aleshores feien servir el que van construir els anglesos durant la Segona Guerra Mundial. Els maltesos estan encantats amb la Segona Guerra Mundial. I amb la batalla de Malta, que—creuen—els va tornar a col·locar al mapa del món i els va reforçar la il·lusió que la seva situació estratègica és, vaja, immillorable. A La Valletta, davant el Fort Sant Elmo, fins i tot han muntat un Museu de la Guerra, en honor dels dos grans setges que ha patit l'illa: el del 1565 i, sobretot, el del 1940 al 1943. Un taxista m'explica que La Valletta va ser arrasada pels alemanys i que la van reconstruir edifici per edifici, tal com era abans. Quan li dic que haurien pogut aprofitar per canviar alguna cosa, em mira horroritzat. Fa una setmana—el 26 de juliol, per ser exactes—van commemorar la batalla amb tota mena de festejos i pólvora. A les dues llibreries de l'aeroport hi ha llibres sobre la batalla de Malta, en anglès la majoria, però també en alemany. Un dels títols és significatiu de fins a quin punt estan orgullosos d'haver sortit a la foto: *Malta, els anys triomfants: 1940-1943*. Els anys del setge i de la batalla, «triomfants»! Simptomàticament, al costat de tant de desplegament bèl·lic no hi ha ni un *Playboy* ni un *Penthouse*.

Estan molt contents de les herències culturals que arrosseguen. De Gran Bretanya, la conducció per l'esquerra, les cabines de telèfon i les bústies vermelles (que encara conserven la corona reial), i unes quantes esglésies anglicanes amb feligreses tipus Margaret Thatcher, pàl·lides, vestides de colors clars, amb barret i bossa. D'Itàlia, la noble figura del xulo de platja: pell bronzejada, samarreta imperi, cadena d'or al voltant del coll, pantalons ajustats, talons alts, cabells engominats cap enrere i aquest gest, quan passa una noia—no necessàriament guapa—, que consisteix en mig treure el cul i, simultàniament, el mentó. Però la fauna és més variada: al taxista, a l'anglicana i al xulo abans descrits, cal afegir-hi el frare carmelita vestit de marró que va amb el diari sota el braç.

L'aeroport és clar, net, lluminós. Amb arcs de mig punt i fonts amb brolladors. Una cosa i l'altra li donen un aire arabitzant. Poc abans de l'hora de dinar, al restaurant que hi ha al pis superior de la torre central, damunt les oficines de l'Air Malta, un parell d'empleades fiquen a les seves bosses sobres de sucre i de sal, i paquetets de mantega. Fins que l'encarregat del restaurant les veu i els clava una bronca. Tot i la bronca, les dues empleades riuen, hi fiquen un parell de sobres més i toquen el dos. Baixen els tres pisos fins a la cafeteria del pis inferior, a l'alçada del pàrquing, i s'asseuen en una taula buida. En la major part de les altres hi ha empleats, xerrant. La tele està engegada. Hi fan la missa de la Raiuno.

Molts dels cotxes del pàrquing no són bons ni per desballestar. N'hi ha alguns de preciosos. Un Morris Minor de mitjan anys seixanta. I un parell d'Opels Rekord de finals dels cinquanta. A tocar del pàrquing hi ha un poble. Només s'ha de travessar la carretera. Es diu Gduja i viu sota el soroll constant dels avions que s'enlairen. Les cases són fetes de pedra calcària, d'un to com la mel clara. Totes tenen nom, en els tres idiomes que comparteixen els murs de la població: Sant' Anna, Trinità, Pompei, Shangri-la, Windsor, Kristu Re, Anna Maria, Rosary House, Garden of Eden... Hi ha imatges religioses a cada paret, i sants als encreuaments dels carrers, que també tenen noms de sants: Triq Santa Katerina, Triq San Gorg, Triq San Pawl, Triq San Lawrenz... Ni un turista en tota la població, i això que és a dos minuts de la porta de «Sortides». Hi ha un parell de bars, La Stella i Maria Assunta, al costat d'una església i de la seu local del Partit Laburista.

De tornada, l'aeroport està ocupat per grups de catalans que han passat una setmana a l'illa. Passegen entre els souvenirs: samarretes amb la creu de Malta, bijuteria en forma de libèl·lules. I una parada amb porcellana de Lladró, que la dependenta presenta com a típicament maltesa. S'expliquen les anècdotes els uns als altres, mentre s'afanyen a fer les últimes fotos. ¿Per què han vingut a Malta?

—Per una oferta. L'agència oferia una setmana a Malta a molt bon preu.

La decepció és general. N'hi ha un que esmenta un arròs immenjable. Un altre, un conill sospitós. Un tercer —mentre converteix mentalment en pessetes el preu d'una ampolla de grappa—assegura que l'illa no resisteix la comparació amb altres llocs del mateix rang turístic. Un quart assegura que no hi tornarà. Un cinquè—que agafa dos cartrons de Dunhill del prestatge—diu que han d'aixecar la indústria turística però que els costarà. Un sisè—que s'acosta a la caixa amb un parell d'ampolles de ginebra britànica—porta una samarreta amb la paraula IBIZA al pit. La caixera s'hi fixa i, durant un brevíssim instant, deixa de teclejar la registradora i se li il·luminen els ulls.

El Periódico, 2 agost 1996

EJACULAR A FRANKFURT

L'aeroport de Frankfurt té, d'entrada, una oferta que pocs altres aeroports igualen: sex-shop. El tipus corpulent que hi ha rere el taulell diu que, com a mínim a Alemanya, no hi ha cap altre aeroport amb sex-shop. I, en canvi, és una idea d'allò més lògica. Per matar el temps—la vida als aeroports és sempre el mateix: esperar—hi ha botigues, bars, restaurants, llibreries... ¿Per què no sex-shops? El públic és el previsible: executius en trànsit. El sex-shop es diu Dr. Müller's, és a la zona A i obre de set del matí a deu del vespre. Quan hi he entrat he descobert amb horror que han desaparegut les dues cabines que fa anys hi havia al fons, per veure pel·lícules. Ara només hi ha revistes i complements. El tipus corpulent m'explica que les han tret en aquest sex-shop, però no en els altres dos que la cadena té ara al mateix aeroport: un a la zona B i l'altre a la C, al nivell 0, amb cabines i fins i tot una sala de cinema.

L'aeroport de Frankfurt té diversos nivells. Un de superior, per on navega l'SkyLine, un metro elevat amb estacions de l'estil de les del metro de Tolosa: parets transparents a tots dos costats de l'andana i portes que s'obren només quan les del metro s'hi encaixen, de manera que és impossible tirar-te a la via. En aquest nivell 3, a part de l'SkyLine, hi ha l'entrada principal a l'hotel de l'aeroport—el Frankfurt Sheraton—i a un centre de negocis. Tot tan net i polit que fa goig. A l'hotel hi ha un munt de restaurants i una exposició de quadros. Sauna i solàrium, evidentment. Dos nois que parlen napolità descarreguen barrils al bar Maxwell's, al costat del hall d'entrada, on hi ha una promoció de brandis de Xerès: Cardenal Mendoza, Carlos I, Conde de Osborne, Lepanto, Real Tesoro... Cada copa, catorze marcs. Al costat de la porta, perquè de passada se senti al hall de l'hotel, un pianista toca el piano davant la mirada indiferent d'un fati espectacular i amb patilles fins al coll, que magreja una rossa mona i desmenjada.

Això al nivell 3. Sota aquest nivell, el 2: el carrer, els autobusos que descarreguen viatgers, els taulells on et donen la targeta d'embarcament, les pistes amb els avions, els accessos, bars, restaurants i botigues de souvenirs: barretets tirolesos amb picarols, gerres de cervesa, culleretes amb escut de Frankfurt o bandera alemanya—a triar—i quinze menes diferents de salsitxes. Hi ha un grup que torna d'Atlanta. I una noia de Folgueroles—Helena—que va a un congrés de la pau a Follebo, prop d'Oslo.

Al nivell inferior—l'1, el primer sota terra—ja hi fa més calor. Hi ha menys aire condicionat i una cerveseria avorrida, amb un nom tan poc original com Berliner Kneipe i sense cap client. I una sala amb màquines de joc. Fa olor a paprika i les rajoles són una mica brutes. També hi ha menys llum. Pocs fluorescents i alguns d'espatllats. I una botiga de roba, tancada.

Al nivell encara més inferior—el 0, dues plantes sota terra—l'olor de menjar ja ho impregna tot. Les rajoles, a part de poc netes, comencen a faltar, i aquí els rètols indicatius—que als nivells superiors estan com una patena—són plens de regalims. Sense cap cartell que n'indiqui res, una porta, que resulta ser d'un economat pels empleats de la companyia aèria i de l'aeroport. La llum és fins i tot més somorta que al nivell 1. Hi ha un bar. I una rampa que baixa al pàrquing. Se sent el metro, l's, que du a la ciutat. Just al costat, efectivament, un altre sex-shop Dr. Müller's, amb sis cabines individuals (cinc útils, perquè en una hi guarden el pal de fregar) amb trenta-dos canals de pel·lícules i, rere un torniquet, una sala de projecció. L'accés costa disset marcs i a més dóna dret a tres cerveses.

Al mateix nivell 0 hi ha, en un racó, una porta de discoteca. Damunt la porta, un rètol lluminós—d'aquests sense fi—anuncia els discjòqueis dels pròxims dies. La discoteca es diu DG. Per un moment penso que hi ha un error i que en realitat deu dir-se DJ, per discjòquei. Però ¿com haurien pogut fer una falta tan grollera? Fins que en un raconet de la porta veig el nom sencer: Dorian Gray.

Dorian Gray... Oscar Wilde... ¿El nivell infern de l'aeroport de Frankfurt? Llavors m'adono que, just al costat de la discoteca, hi ha una porta tancada i, al costat d'aquesta porta, un lavabo d'homes. Em fico al lavabo. Només hi ha un individu, tipus executiu, amb la cartera a terra i fent com si pixés. Però no pixa. Jo pixo, em rento les mans amb calma, me les eixugo amb el mocador. El tipus continua en posició i sense pixar. Em guardo el mocador a la butxaca posterior i surto. Just a la porta em creuo amb un ros amb bigoti i ulleres. Me'n vaig al bar que hi ha al davant i demano una cervesa. De tant en tant hi entra algú i al cap d'una estona en surt. El de la cartera a terra no surt. El ros surt al cap de gairebé un quart. Mig minut més tard surt l'executiu, amb la cartera a la mà. Demano una altra cervesa i continuo controlant les entrades i sortides. El ros amb bigoti i ulleres hi torna a entrar deu minuts més tard. En torna a sortir al cap de set. Al cap d'un quart hi torna a entrar. És Joe Orton reencarnat.

El Periódico, 3 agost 1996

ACABAR A BODØ

Bodø és una ciutat de trenta-quatre mil habitants, capital de la regió de Nordland. És un centre pesquer, amb una bona fàbrica de cervesa. Durant la Segona Guerra Mundial gran part de la ciutat va ser destruïda per l'aviació alemanya. Quan la van reconstruir, al pack hi va entrar un aeroport, gran per les dimensions de Bodø. Ara, la passió aviadora de Bodø és tan forta que fins i tot hi té la seu el Centre Noruec d'Aeronàutica. Hi ha avions, un simulador de vol, el Cafè Gidsken i el Club de les Àguiles Pescadores, una espècie per la qual els noruecs tenen gran veneració.

Per pujar a l'avió observen un ritual. Primer hi pugen els nens que viatgen sols, després una anciana i, darrere d'ella, els nens que viatgen amb parents. Després la resta. Als vols nacionals no reserven seients: el primer que hi arriba tria el que prefereix. Tampoc no hi ha, per conseqüent, primera o segona classe. Hi ha alguna cosa de casolà i de civilitzat en tot això. Tampoc no cal presentar-se al check-in per recollir la targeta d'embarcament. Vas directament a la porta, com si es tractés d'agafar l'autobús. En la majoria d'ocasions no hi ha fingers per arribar a l'avió, sinó un senzill pas zebra pintat a la pista, pel qual camines fins a la porta de l'aparell.

L'aeroport de Bodø és un edifici amb molta claror, construït de tal manera que—a l'estiu—la llum entra pels finestrals elevats. A l'hivern, quan la nit dura un munt de mesos, els finestrals acolliran la mínima claredat exterior i no desaprofitaran ni un fotó. De la cúpula de vidre penja una escultura que suggereix un mosquit o les restes d'un drakar. A la planta superior hi ha un cafè. A la planta intermèdia, un snack, més les portes d'accés als avions. A l'snack, entrepans de gambes bullides, arengs, caviar de l'àrtic. Hi ha carn de ren, salami de ren, salsitxes de ren. I, evidentment, salmó. Salmó fumat, que—diuen—és el primer pas per provar després el gravlaks: salmó lleugerament salat i fermentat, condimentat amb sal, sucre, fonoll i pebre acabat de moldre.

A la planta baixa, un barber ha batejat la seva perruqueria amb el cabrerainfantesc nom de Hairport. Quan fa una estona que hi passeges, notes que hi ha alguna cosa estranya en aquest aeroport, un recolliment catedralici. De sobte te n'adones. És el silenci. O no hi ha altaveus o, si n'hi ha, callen. No anuncien cap vol, ni donen cap avís. No hi ha ni música ambiental. La noia que s'ocupa de l'snack de la planta intermèdia—la mateixa que m'ha explicat això del salmó—em diu que el de Bodø és un «silent airport». Un aeroport oficialment silenciós, sense contaminació acústica.

A la botiga de souvenirs, samarretes amb la bandera noruega, amb la paraula «Bodø» sobre un ós blanc, i gorres amb la frase «He travessat el cercle polar àrtic». Aquesta mateixa frase es repeteix en llapis i gerres. Hi ha ninots en forma de ren, foca, morsa i pingüí. Drakars de totes les mides, culleretes, víkings, trolls, gnoms. Són plens de gnoms i de trolls, els aeroports de Noruega. Hi ha cascos de víking, amb banyes, i gorres també amb banyes.

A primera vista no hi ha hangars a l'aeroport. Després te n'adones que aquests turons suaus i allargassats no són sinó els hangars, coberts de terra i herba, amb una porta gairebé camuflada en un dels extrems, i que inevitablement recorden el batgaratge on Batman guarda el seu batmòbil. L'estadi de Lillehammer, mig ocult sota terra, no era, pels noruecs, cap novetat.

Les cases que es veuen a l'altre costat de la carretera són totes de fusta, pintades de verd o groc pàl·lids. Tenen teulades inclinades i finestres petites. L'hotel de la companyia aèria Sas és a deu minuts a peu, a tocar del port. Hi ha, a la planta baixa, una zona perquè els nens hi juguin i dibuixin. I al supermercat hi ha tauletes baixes, a la mida dels nens, i pertot arreu aquestes trones sueques que ara venen a moltes botigues.

El fet que el sol no es pongui fins més enllà de les onze—i que estigui tan a prop de l'horitzó i, per tant, els rajos siguin tan oblics—fa que la gent encara dugui ulleres fosques a les onze del vespre. El sol de mitjanit es va acabar fa un mes. Dura de començament de juny a començament de juliol. Però tot i no haver-hi sol, la claredat és perfecta. La sensació és com d'haver-te fotut alguna cosa i no controlar el temps. Al port, un quiosc ven salsitxes i cervesa. Cap al nord, a pocs quilòmetres queden les Lofoten, aquelles illes que, quan les estudiàvem a classe, feien que tots riguéssim per sota el nas. Hi ha gavines volant. De tant en tant s'aturen als pals i a les barques. A l'hivern, les àguiles pescadores es passegen pel moll.

És més tard de mitjanit. A les taules del quiosc les converses continuen. De vegades, l'avantatge de no entendre més de dues paraules d'un idioma és que el que diu la gent no et sembla tan imbècil com et semblaria si ho entenguessis. Una parelleta aquí. Allà, un grup amb motxilles, texans estripats i botes gastades. Mengen salsitxes amb ceba i mostassa. Són quatre nois i tres noies amb els cabells llargs. N'hi ha uns que s'han posat un jerseiet i altres una jaqueta, i estan tirats sobre les motxilles. De sobte, dins d'una sona un mòbil. Un noi corre cap a la seva motxilla, treu el telèfon i contesta. És el papà.

El Periódico, 4 agost 1996

TURISTA A BARCELONA

L'AIRE A LA CARA

Als bancs de la plaça Catalunya els residents africans contemplen amb indiferència les hordes de turistes que corren d'un costat a l'altre, amb pells entre la pal·lidesa i la gamba. Davant de la parada del Bus Turístic, situada enfront del monument a Macià, una llarga cua de bípedes aguanta impertèrrita els sons del grup musical andí. Hi ha una guitarra, una flauta comuna i diverses de Pan, a més d'una caixa de ritmes que va al seu aire. Són tres músics, però sonen com si en fossin mil gràcies a aquests altaveus que cada dia són més voluminosos i que deuen fer que se'ls senti fins i tot des de la Meridiana.

No tothom que fa cua és estranger. Hi ha un indígena, ros, que acompanya una noia de Madrid. El noi assenyala el triangle del monument a Macià i li diu:

—¿Saps què significa aquest mapa?

—No—diu la noia.

—Catalunya.

—¿Posant-hi imaginació?—pregunta ella.

—No. Fixa-t'hi: la costa és el costat de la dreta, els Pirineus el de dalt...

Fins on m'arriba la visió, en aquesta cua sóc l'únic que du pantalons llargs. Tant si porten pantalonets com faldilles, moltes de les noies se'ls ajusten adesiara perquè de caminar se'ls pugen a poc a poc. Amb discreció, algunes es recol·loquen també les calces, perquè ja se sap que, amb la calor i la humitat barcelonina, tendeixen a enganxar-se. De cada dos bípedes, un porta càmera, sigui de fotos o de vídeo.

Com és notori fins i tot pels barcelonins que no hi han pujat mai, els autobusos turístics són de dos pisos. Al de dalt, descobert, es va la mar de bé: l'aire et toca a la cara i es veuen els edificis sense vidres pel mig. En canvi, el pis de baix, cobert i amb finestres, resulta insuportable quan fa calor. Per això és lògic que els últims turistes que pugen s'enrabiïn quan troben que el pis de dalt va ple i han de quedar-se al de baix.

Quant l'autobús arrenca, el tipus que tinc al costat indica al que l'acompanya que gravi la font de la plaça Catalunya. És un home monomaníac, perquè al llarg del recorregut li indica totes les fonts que veu pel carrer. A Miramar, davant els antics estudis de Tve, quedarà frustrat perquè la font està sense aigua, seca. El sol pica i, quan l'autobús tomba per Gran Via i passa per sota dels plàtans, s'agraeix la remorosa frescor de les fulles. Quan gira per agafar el passeig de Gràcia, la senyora argentina que tinc darrere llegeix el rètol de la botiga i pregunta al seu acompanyant:

—Zara... ¿Eso qué quiere decir?

Al passeig de Gràcia, la guia anuncia que «a l'esquerra poden veure uns edificis modernistes. L'Amatller és la casa amb els colors pàl·lids. La casa que hi ha a tocar, la Batlló, és d'Antoni Gaudí i representa un drac». Ha estat dir el nom màgic i, com accionats per un ressort, tots els caps s'han girat cap a l'esquerra; la majoria adossats a càmeres fotogràfiques o de vídeo. N'hi ha un que no encerta els edificis assenyalats, per la qual cosa qui l'acompanya li agafa l'objectiu amb la mà i sense cap protocol li modifica la posició de la càmera. Quan arribem davant de la Pedrera succeeix una cosa curiosa. Cap dels turistes no para cap mena d'atenció a l'edifici fins que la guia explica que és «la Pedrera, by Antoni Gaudí». Llavors sí: tots la metrallen amb les càmeres. Tots menys un, que no encerta a identificar-la.

—Which one is it?—pregunta.

—That one over there—li diu el del costat.

I aleshores sí: apreta el botonet i la grava, per veure-la amb calma assegut al sofà de casa seva a Milwaukee, per exemple. La senyora que l'acompanya llueix una gorra amb un ventiladoret col·locat al centre de la visera i dirigit cap a la cara.

El trajecte per la Diagonal és un gust, a escassos metres de les udolants branques dels arbres, plenes de cotorres que xisclen. Als turistes els fascina que a la Diagonal hi hagi cotorres. En absència d'edificis de Gaudí, són la millor opció fotogràfica. Per això es dediquen a assenyalar-ne totes les que veuen: una allà, a la tercera branca d'aquella palmera; una altra a la primera d'aquell plàtan. La guia explica que som a «Diagonal, the most important avenue on the city», però això no sembla impressionar-los, i la cosa empitjora a l'avinguda Tarradellas, que, vista des d'aquestes alçades, és d'un avorriment tal que amb prou feines el trenca el pas d'una ambulància amb la sirena a tota pastilla. Aquesta ambulància sí que sembla interessar, perquè tots els caps es giren per no perdre-se'n ni un detall. A l'estació de Sants—«l'estació de trens més important de la ciutat»—la guia els indica que si baixen aquí poden visitar el parc de Joan Miró i el de l'Espanya Industrial. No els explica res del ruïnós estat de conservació d'aquest parc, omissió prou discutible perquè és ben sabut que qualsevol menció de ruïnes és sempre un ganxo pel turista.

Baixem pel carrer Tarragona. Quan anuncien que a l'esquerra hi ha una escultura de Miró, les càmeres es posen tot d'una en funcionament. Però no sembla que els emocioni gaire. Més interès suscita la plaça de toros de les Arenes, encara que la guia ni l'anuncia. Deuen de ser les formes morunes, que desperten el seu instint de viatgers que saben descobrir les coses *autèntiques* de debò. També els provoca fervor la plaça Espanya, amb la font de Jujol i les dues torres venecianes.

Quan arribem al Poble Espanyol la guia es desfà en elogis: «One of the best stops in the blue line.» La «blue line» és la ruta del bus que recorre el sud de la ciutat. De l'altra ruta en diuen «red line». Per sorpresa meva, baixen molts turistes que corren, alegres i il·lusionats, cap al simulacre de porta d'Àvila. Encara que més alegria tenen alguns dels que han estat asseguts al pis de baix i, ara, com que s'han buidat uns quants seients al de dalt, per fi tenen l'oportunitat de pujar-hi, contemplar la ciutat sense vidres pel mig i rebre l'aire a la cara, que és del que es tracta.

La Vanguardia, 23 juliol 2001

¿EL TURISTA CULTURAL?

D'entrada, aquest barri de la Ribera que visiten té ben poc a veure amb la Ribera que vam conèixer. És una Ribera nova, a la mida de les necessitats turístiques. Moltes botigues tradicionals (pastisseries, especieries, colmados, llibreries) han desaparegut, substituïdes per botigues de moda anorèxica, bars de pseudotapes basques, galeries d'art, restaurants minimalistes... El turisme ha reformat el barri segons els seus interessos.

El Born està en obres. La placeta Montcada, també. Estan substituint les llambordes antigues per aquestes altres, més grans, que fan que, últimament, sigui igual el carrer d'una ciutat de la Provença que un altre de Praga, de Friburg o de Maçanet de Cabrenys. La mundialització de l'empedrat. Dues noies passegen menjant brioixos amb pernil dolç.

—Guarda che bello!—diu una, entrant al pati de la casa on Òmnium Cultural té la seu. Entra enfervorida, amb la càmera a punt, però aleshores descobreix que des del balcó de l'últim pis l'observa un home panxut i en samarreta imperi. Dóna mitja volta, sense atrevir-se a fer la foto.

Al carrer Montcada tot són galeries. La Maeght,

amb llibres d'art, pòsters, ofertes d'obra de Tàpies i Miró, i una exposició de Holton Rower. En aquest barri els souvenirs s'imbueixen d'aires suposadament artístics. A cada porta hi ha peces de ceràmica, escultures, quadros, gerros. Fins La Caixa hi té també una galeria: la Galeria Montcada. Ara hi exposen un vídeo de Conce Codina, de quatre minuts, titulat *Les petites riens*. Persones anònimes fan un petit truc davant la càmera: alguna cosa amb el cos, o amb l'ajut d'un objecte. Un fa que les galtes li sonin com una ampolla de xampany quan la destapes. Un altre es gira les parpelles fins a deixar-les al revés. Un altre belluga el nas; un altre les celles; un altre treu la llengua doblegada. Un altre ajunta els llavis simulant els d'un peixet...

La botiga que hi ha al davant es diu Galeria Surrealista. De fet és una botiga de souvenirs a major glòria de Dalí, Miró i Picasso. Pòsters, facsímils... És tota una subcategoria del souvenir: el souvenir amb pretensions. Pels que no estan disposats a gastar gaire, també hi ha cartells, i fins i tot postals. El cas és no perdre cap client. La cacera és tal que a la botiga del Museu Barbier-Mueller d'art precolombí venen barrets panamà que de precolombins en tenen més aviat poc. Però tant se val.

Al Museu Tèxtil i d'Indumentària, el cafè que ocupa el pati interior és ple a vessar, amb totes les taules ocupades. Només en dues les converses es desenvolupen entre indígenes. I, al costat, la botiga del museu, la més desconcertant de totes les d'aquest carrer, perquè (a part d'uns didals sofisticats, uns boixets i quatre coses així) venen articles que pots comprar en qualsevol botiga de roba. Eslips, mocadors, jerseis, sabates Camper, bosses, xancletes, biquinis, tovalloles... El fervor artístic de Montcada s'escampa pels carrers pròxims. A Barra de Ferro hi ha Punt Picasso, Boutique Galeria Picasso i Art Factum, que venen des de samarretes a clauers, passant per imants de nevera, cendrers, encenedors...

A la cua del museu Picasso em situo darrere d'una parella dels Estats Units: ella, wasp; ell, xicano. I aleshores passa una cosa curiosa. Quan l'home ha pagat les entrades de tots dos (mil sis-centes pessetes) i ja se'n va, de sobte comprova el canvi i torna a la taquilla corrent, indignat i xisclant:

—¡Señora, le di cincuenta mil!

La senyora de la taquilla ni s'immuta:

—¿Cómo, cincuenta mil?

—Sí, ¡le di cincuenta mil!

—¡Pero si en España no hay billetes de cincuenta mil! Usted me ha dado éste—i li ensenya un de cinc mil.

A dins, a les sales, els visitants parlen en un murmuri. Uns caminen a poc a poc, observant amb detall cada quadro. Altres van tan ràpids que a cada sala dediquen el que altres dediquen a cada quadro.

Després hi ha els selectius. S'aturen, molt, davant d'un determinat quadro, però, després, als cinc o sis següents hi fan un simple cop d'ull. És evident que els quadros grans els interessen més que els petits, però no sempre. De vegades la seqüència és: en un quadro m'hi detinc molta estona, me'n salto cinc amb un simple cop d'ull i em torno a aturar al sisè. Després del qual em salto cinc quadros amb un simple cop d'ull i m'aturo al següent. I així.

Un alemany corpulent, amb samarreta del Bayern de Munic, contempla el quadret *La Barceloneta*, esforçant-se per descobrir-ne la gràcia. Molts acosten la cara perquè es noti que contemplen amb interès una zona concreta del quadro. Ho fan amb una cella arquejada. Després retrocedeixen fins a una certa distància i l'admiren amb expressió encara més greu i aguantant-se la barbeta amb la mà, com si relacionessin el detall mirat de prop amb el quadro sencer. Altres consulten constantment el catàleg. S'aturen davant de cada quadro i comparen la foto del catàleg amb el quadro real, com si el seu màxim interès fos certificar que no els enganyen i que el cartellet que, a tocar del quadro, indica que es tracta del retrat de Sabartés concorda amb el peu de foto que, en el catàleg, diu que es tracta d'un retrat de Sabartés. No fos que els donessin gat per llebre!

A l'última sala, just davant de la porta que exhibeix el cartell de «Sortida», un segurata desganat colpeja nerviosament el terra amb el peu. A un parell de metres, una dona de mitjana edat s'atura davant d'un quadro. ¿Potser perquè és l'últim? L'observa durant una estona. És evident que el seu marit—un home amb ulleres, pantalons curts, gorra de beisbol i el desplegament corporal de John Goodman—ja està fart de quadrets. Finalment, com que veu que la dona no acaba de decidir-se a marxar, li dóna un copet afectuós a la natja dreta i, amb cara d'avorriment, li diu:

—Come on, darling, let's get out.

La Vanguardia, 24 juliol 2001

GAUDÍ SUCKS

Fa anys pul·lulava pels bars i discoteques de Barcelona un tipus que vivia d'una renda que li permetia no fotre brot i dedicar-se en exclusiva a la seva vocació: ficar-se al llit amb noies. Per això l'anomenàvem el Professional, perquè mentre els altres tiràvem la canya a la nit, després de la jornada laboral, ell podia permetre's el luxe de tirar-la durant tot el dia. No tenia res més a fer. Nosaltres érem amateurs, ell era el Professional.

Els seus llocs preferits eren els edificis d'Antoni Gaudí. Sobretot la Pedrera. S'apostava al davant i lligava conversa amb alguna estrangera. Com que era guapo, amb xerrera i totes les hores del dia per invertir, poques vegades fallava. De vegades canviava la Pedrera per altres monuments de la ciutat, però sempre gaudinians. ¿Per què? Perquè davant del cognom Gaudí s'obren, admirades, les boques dels habitants de mig món. A la Sagrada Família, i a un nivell menys lúbric, el fenomen ja es detecta a uns centenars de metres, multiplicat a cada botiga de souvenirs: samarretes Gaudí i ceràmiques gaudinianes (que fingeixen estar fetes a base de trencadís) comparteixen estands amb samarretes de Saviola,

Zidane, Raúl o els típics barrets mexicans barcelonins.

Els autocars aboquen els turistes als carrers Sardenya o Marina. En aquest moment són alemanys (Frankenland Reisen) i de la Sarfa, però en tots dos casos arriben i els descarreguen amb la mateixa diligència que el bestiar a l'escorxador. Al cap d'un temps prudencial, a l'hora acordada, tornaran els autocars. I els turistes, disciplinats, ocuparan de nou els seus seients. Però ara encara fan cua i llegeixen amb aplicació les guies, equipats amb gorretes i càmeres de vídeo, i envoltats d'una olor dolça de crema de protecció solar.

Hi ha moltes cares cansades. ¿Quants dies fa que donen voltes per la ciutat, de fita turística en fita turística? Rendits, alguns dormen als bancs que hi ha davant la façana del Naixement. D'altres posen, enfundats en samarretes del Barça, perquè els companys de viatge els facin la foto. D'altres aprofiten la cua per escriure postals. En deu minuts de cua, la dona que em precedeix n'escriu quatre. En la primera escriu—ho juro—: «Wish you were here!» Després ja no ho sé, perquè quan s'adona que xafardejo em llança una mirada de reprovació. Som al costat d'un cartell que, en cinc idiomes, avisa: «Atenció amb els carteristes!»

Uns veneçolans amb dos cotxets de bebè s'enfurismen quan veuen que les escales que pugen per les torres són estretes i costerudes (i inacabables), i que no hi podran dur els seus cadellets bramadors. L'ascensió per les escales permet delectar-se en una infinitat de grafits, suma dels pensaments que el nostre gloriós temple expiatori inspira als que el visiten. Uns quants a l'atzar: «Mano y Micky, 13-8-97», «Peter loves Melissa», «Puri y Jesús», «Raffaella e Beniamino». Alguns afegeixen el lloc d'origen: «Roy y Ana, Rota, Cádiz, 23-6-98». D'altres són col·lectius i corresponen a un curs sencer: «4a B Cagliari, 8 maggio 2001». Tot això, a més d'alguna creu gammada. De tots, els meus preferits són: «C'est moi, Clairette!» i—sobretot—«Gaudí sucks».

Ja que ens hem endinsat en el mar de les frases que els turistes deixen a la Sagrada Família per esperonar les generacions futures, val la pena continuar-hi. Perquè la Sagrada Família és un dels majors festivals de frases de la ciutat. Frases gravades a les parets de les escales i frases també al llibre de dedicatòries. Perquè—a part d'estatuetes del temple, dòminos Gaudí, reproduccions de la Pedrera i del drac del parc Güell, carpetes de plàstic i jocs de tasses de cafè «based on Gaudí», mapes «Gaudí a Barcelona» (amb tots els edificis gaudinians de la ciutat), cendrers, tasses, paraigües, samarretes i estoretes pel mouse—a la botiga de souvenirs de la Sagrada Família hi ha un llibre de dedicatòries. Com als funerals, però més alegre. Al de la Sagrada Família s'hi pot llegir: «Es una obra magnánima. Felicitaciones a Barcelona y su pueblo. Jorge y Elizabeth»; «What a genius!»; «Nieves y Rodrigo estuvieron aquí el 5 de julio de 2001, amándose y disfrutando de la sobrenatural belleza de este inolvidable lugar. Nieves y Rodrigo, Madrid»; «¡Yo estuve aquí! ¡Wow! Yanira»; «Barcelone c'est cool. Alcool, drogues! Pascal»; «Barcellona é bella ma il mio cazzo la rende fantastica»; «Hoy, 2 de julio de 2001, estuve visitando la Sagrada Familia y me gustó mucho. Una enamorada»; «Angie and Mike from New Zealand. June 2001». Hi ha poques notes discordants. Una d'elles: «Más vale que quede guapo porque con las 850 pesetas por persona le deberían poner picaportes de oro.» Si en serà de forta l'aura de Gaudí que, a les parets dels vàters—el tercer focus de frases per la posteritat—, en lloc de guarrades i dibuixos de genitals, que seria la cosa acostumada, hi ha frases d'esperança com «Wake up, Korea!» o «Por un mundo de paz, sensibilidad y solidaridad, ¡comprométete! Un uruguayo que quiere un mundo más digno». Per beatificar d'una vegada per totes Gaudí, ¿cal més miracle que comprovar que en uns vàters públics, els de la Sagrada Família, no hi ha ni una sola obscenitat?

A fora, als bars i restaurants dels voltants, gran consum de paelles precuinades. De cada tres taules, en una els comensals es dediquen a la Paellador o a l'OK Paella. Vivint com viuen del tinglado gaudinià, es troba a faltar en aquests bars i restaurants una certa creativitat a l'hora de donar nom als plats que ofereixen. No hi ha cap «amanida Gaudí», ni cap «gaspatxo Sagrada Família», ni cap «truita la Pedrera». És el mínim que mereixen tots aquests turistes en xancletes, samarretes imperi i banyadors, tan interessats per Gaudí i la seva importància en la història de l'arquitectura universal.

La Vanguardia, 25 juliol 2001

ESPANYA EN POC MÉS D'UNA HORA

Jo venia aquí a dibuixar. Tenia catorze anys, estudiava a l'Escola Massana i els diumenges al matí pujava fins al Poble Espanyol, m'asseia davant la porta d'Àvila i la dibuixava en un bloc, amb llapis o carbonet. O em ficava pels carrerons, n'escollia un i el dibuixava. Era un poble de cartró, però em permetia trobar racons mig pintorescos, impensables en altres zones de Barcelona, amb els quals compensava les sessions de figura humana i d'objectes—gerres, esferes—a què em dedicava a la Massana durant els dies feiners. Després, quan vaig començar a pintar a l'oli, també practicava per aquí, en cartrons preparats amb una capa d'imprimació. Hi havia gent que se situava darrere meu i mirava a veure què carai pintava.

Amb Franco ja mort, vaig començar a anar al Poble Espanyol a les revetlles. Hi havia música, xampany barat i, de vegades, petons als porxos de la plaça Major. I, a l'endemà, ressaques terribles. Ara feia molts anys que no hi havia tornat, i imaginava que el Poble Espanyol ja era una ruïna, encara que, quan els fastos del 92, haguessin intentat ressuscitar-lo a força de convertir part dels locals en discoteques de la postmodernor. Per això, l'altre dia, a l'autobús turístic em va sorpendre que la guia el presentés com la parada més important de la ruta sud de la ciutat.

Una cosa sí que és clara: tot continua tan fals i cutre com abans. Però, per aquesta mateixa falsedat, és el paradigma del fet turístic. Reprodueix cases, carrers i places de ciutats i pobles diversos, tot aplegat, remenat i ben atapeït. Aquí, tot és mentida. És el lego de l'arquitectura espanyola popular. És l'equivalent hispànic—amb un munt de dècades de davantera—del Village Catalan que els francesos han muntat a l'autopista, prop de Perpinyà. El Poble Espanyol és el súmmum del fet turístic perquè tot és postís i no sols a ningú no li importa, sinó que aquesta n'és la gràcia. Els turistes admiren aquella plaça Castellana de fireta amb la mateixa reverència que si fossin en una autèntica plaça castellana, rostits pel sol. Contemplen la reproducció del palau del Mayoralgo de Càceres amb la mateixa indiferència que si fos el de debò. Graven vídeos sense parar. De retorn a Manchester o a Moscou, ¿recordaran, si més no, que es tractava d'una còpia? ¿Saben diferenciar Càceres de Barcelona? Estic convençut que molts d'aquests descamisats—realment no van ni amb samarreta—tornaran als seus països sense haver-se adonat que aquest Poble Espanyol no és cap poble de debò.

Passes de Cantàbria a Osca fent només dues passes. I, al costat d'Osca, tens Sòria, sense cap problema i amb una botiga d'espelmes romàntiques amb nom mallorquí: A S'Hora Baixa. ¿Algú dóna més varietat en menys espai? Al costat hi ha un caixer automàtic de Caixa Catalunya que pateix de fredor bancària. Jo l'hagués instal·lat en un rústic confessionari andalús, per exemple. O en un hórreo gallec. ¿Pastitx? ¿Kitsch? Esclar que sí. I més ara, que ho han omplert de bars, restaurants i botigues d'artesania amb pretensions de sofisticació. Això és el millor, perquè les botigues amb un suposat toc *de disseny* encara fan més pena que les que s'aferren al souvenir caspós. En la reproducció del convent de les clarisses de Santa Isabel de Medinaceli, per exemple, hi han instal·lat un Espai Guinovart! Amb escultures de l'artista. Del tot escaient. Just al costat, han canviat la porta de les carmelites d'Alcanyís per una altra de vidre i ferro—superactual—per tal que es vegi què hi venen dins. Això sí: com a l'Espanya real, el telèfon públic que hi ha a prop no funciona i el senyor que intenta telefonar s'indigna i pregunta als que l'acompanyen si el 94 és el prefix de Biscaia.

Un grup d'artesans beuen asseguts al voltant d'una taula d'un bar. A la tarda l'afluència de turistes minva, expliquen. I també: que és millor el turisme de juny que el de juliol o agost, perquè el que ve a l'agost només porta diners per cervesa. Expliquen que de vegades els pregunten amb molt d'interès a quina hora fan la migdiada. I que si hi viuen, al Poble Espanyol, als tallers.

Tres francesos s'acosten a la botiga que—a la reproducció del caseriu Artetxe, d'Erandio—a l'aparador exhibeix sants, àngels, natzarens de Setmana Santa, mares de Déu i imatges del papa Joan XXIII.

—Oh, la, la! Des images pieuses!—diu la dona.

El marit s'adona aleshores que, entre els sants i les verges, hi ha uns quants caganers amb barretina.

—Des images pieuses? Pas trop!

I riuen del fet que les figuretes amb cagalló siguin al costat de les dels sants, les mares de Déu i els papes. Després s'allunyen i caminen pels carrers gairebé deserts.

Els que van construir el Poble Espanyol van ser uns avançats. ¿Per què córrer tot Espanya si, amb un passeig per aquí, en poc més d'una hora ja la tens vista? És un gran diorama, l'evolució lògica del pessebre nadalenc, i dels vivents. El pas següent d'aquesta cadena és el Poble Espanyol. Després ja vénen Disneylandia i Port Aventura. El procés que permet recórrer Mèxic o la Xina sense moure's de Vila-seca arrenca precisament d'aquí. Tot i que, posats a fer crítica constructiva, es troba a faltar gent que demani pels carrers. Per fer-ho més versemblant: perquè la falta de pobres contribueix a evidenciar que tot això és impostura. Falten tipus cridant allò de: «¡Buenos días, señoras y señores! ¡Acabo de salir de la cárcel, estoy sin trabajo, no tengo qué comer, si ustedes tienen a bien darme algo para ayudarme se lo agradeceré, ya que si es triste pedir, más triste es tener que robar...!» Tampoc no estaria malament dur del Raval alguns nens delinqüents, per estirar bosses i robar carteres; coses així. Seria l'aportació barcelonina a aquest calidoscopi de l'Espanya eterna.

La Vanguardia, 26 juliol 2001

A PEU PER LA CAPITAL DE L'IMPERI

Els Walking Tours són passejos a peu per la Barcelona antiga. Els tiquets els venen al centre que Turisme de Barcelona té a la plaça Catalunya. Poc abans de l'hora de sortida—les dotze del migdia—arriba el primer passejant: un japonès en pantaló curt. Se li afegeixen dues senyores de Toledo, una parella de Saragossa... A les dotze i dos minuts arriba la guia, una noia rossa i d'ulls clars, la mar de simpàtica. Reparteix a cada passejant un fulletó amb la ruta i un adhesiu. L'adhesiu s'ha de dur al pit, perquè es noti qui ha pagat el tiquet i qui no, ja que de vegades hi ha gorrers que ronsegen amb l'orella parada i sense pagar les mil pessetes.

En plena plaça Catalunya, a prop del Portal de l'Àngel, comença la primera explicació:

—¿Conocen la Rambla? Rambla, en árabe, significa «arena de río». Antes, por la Rambla bajaba un río. Y por la vía Laietana (que es esa calle de ahí) también bajaba un río.

Explica coses així, sorprenents. Per exemple, que Gràcia era abans un poble, i que era a un dia de distància de la plaça Catalunya. És a dir, al 2001 triguem mitja hora per arribar a Gràcia caminant, però fa un segle s'hi trigava un dia!

Al Portal de l'Àngel els ensenya el termòmetre de Can Cottet.

—Esta tienda es una óptica, pero lo importante es el termómetro. Y ¿por qué es importante? Porque el termómetro no pertenece a la tienda, sino al Ayuntamiento. Está muy afuera de la fachada y por eso pertenece al Ayuntamiento, como los bancos, las cabinas, las papeleras... Si alguna vez esta tienda cerrara, el termómetro continuaría en su lugar porque es de la ciudad y, sin la tienda, se convertiría en un símbolo de Barcelona, tan importante como la Sagrada Familia.

Literal. Al carrer Montsió, la parella de Saragossa s'extasia davant Els Quatre Gats:

—Qué edificios tan raros. En Zaragoza no tenemos edificios así.

La guia explica que a Els Quatre Gats es reunien els artistes per xerrar.

—¿Conocen a Picasso?—pregunta. Hi ha lleus assentiments—. Pues Picasso hizo aquí dentro su primera exposición. Si vienen a comer a este restaurante—hi insisteix un parell de vegades—, fíjense sobre todo en la decoración.

És bromista. De vegades adopta l'actitud d'una mestra amb els alumnes, potser perquè veu que en el grup no hi ha un fervor excessiu per preguntar. Al llarg de tot el recorregut es permet ironies, perquè les explicacions siguin més amenes. A la plaça

Nova, davant de la porta de la muralla on hi ha la fornícula amb la imatge de sant Roc, la guia critica el sant perquè, sent protector de la ciutat contra la pesta negra, va deixar que morís un terç de la població.

—O sea, que muy eficaz no era...

Els turistes somriuen amablement. Després explica l'origen de les grans lletres metàl·liques—en què es llegeix BARCINO—que hi ha a l'esplanada, just al davant:

—Son obra de Joan Brossa. Es un poeta catalán, pero no es un poeta muy normal.

Sic. Després explica la importància que Barcino va tenir en l'Imperi romà:

—Barcelona fue capital del Imperio romano antes de que trasladaran la capitalidad a Tarragona.

Barcelona i Tarragona, capitals de l'Imperi romà! Davant de la catedral explica que va trigar sis segles a construir-se perquè, un cop acabat l'interior, la façana no els semblava important ja que, com que hi havia un edifici al davant, no quedava perspectiva. D'això a treure a relluir el tòpic de la garreperia catalana només hi ha un pas:

—Ya saben lo que dicen de los catalanes: «La pela és la pela».

Tothom riu l'ocurrència.

—Es que sois unos rácanos—diu la senyora de Saragossa.

Animada per l'èxit, la guia insisteix en bromes tan originals:

—¿Saben que nuestro baile es la sardana? Pues bien, lo contamos tanto todo, que hasta para bailar la sardana contamos.

Aquesta brometa no l'entenen gaire, amb la qual cosa evitem derivar cap a un d'aquests programes de televisió amb acudits sobre catalans. Això sí, fidel a la divisa «no deixis mai que la veritat t'espatlli una explicació turística», explica que a Catalunya no sabem què és la *siesta*:

—La siesta es una tradición del sur de España. En Sevilla es habitual llegar a los cuarenta y cinco grados de temperatura a la sombra. Claro, con ese calor ¿quién sale de casa a las tres de la tarde? Pero aquí no nos hace falta la siesta porque no llegamos a temperaturas tan altas.

És a dir, que els milions de catalans que des de temps immemorial han practicat i practiquen el noble art de la migdiada deuen ser marcians. Però la cosa continua, perquè, encara davant la façana de la catedral, parla de la patrona de Barcelona.

—Nuestra patrona es Santa Mercè. Santa Eulalia, que era mártir, es algo así como la segunda patrona. Pero la patrona-patrona es Santa Mercè.

La senyora de Saragossa no acaba de veure clar que la Mercè sigui santa:

—¿No es una virgen?—pregunta.

—No—diu la guia—. Es Santa Mercè: Santa Mercedes.

No es fa enrere ni davant La Caixa. A la porta d'una sucursal els explica el logotip:

—Fue diseñado por Joan Miró. ¿Conocen a Miró? —Cinc persones assenteixen. —Pues bien, esa estrella azul simboliza a una persona que deposita una moneda en una caja, lo que en catalán llamamos una «guardiola».

No explica que l'estrella és un dels símbols mironians més recurrents i que per això el van triar com a marca, ni que hi va haver una estrella inicial dissenyada per Craig Siegel, ni que l'estrella actual —que no té res a veure amb un home ficant diners en una guardiola—surt d'un tapís de Joan Miró i Josep Royo. L'explicació de la guia és que «esa estrella azul simboliza una persona que deposita una moneda en una caja, lo que en catalán llamamos una "guardiola"»! Llàstima que Miró sigui mort perquè li hagués encantat la notícia.

La Vanguardia, 27 juliol 2001

MARC ANTONI ERA MARICON

Promocionada com l'artèria més característica de Barcelona, la indústria turística ha acabat per canviar-li l'ànima. Ara és un gran passeig de poble coster, envaït per turbes de turistes amb xancletes de plàstic. O de tovallola, d'aquelles d'aixecar-se del llit. Els juro que, agafats de la mà, davant del quiosc del Museu de Cera hi ha un senyor i una senyora que—a part de samarretes imperi i pantalons curts—vesteixen mitjons de poliester i xancletes d'estar per casa. Blaves, ell; roses i amb flors, ella.

Al sex-shop de la rambla Santa Mònica, la senyora que neteja va d'un costat a l'altre amb el pal de fregar. Cada tant s'atura davant d'un cotxet i fa carantoines al bebè que l'ocupa. També canta:

Allí vi la luz primera
y empecé a tararear
y hasta el día en que muera
yo la tengo que cantar.

No hi ha ni un sol client; acaben d'obrir les portes. A les deu del matí, la Rambla està mig desperta. A l'Arc del Teatre comencen a plantar els cavallets els pintors, els dibuixants i els caricaturistes. Hi ha una puta recolzada a la barana de l'estació de Liceu. Tot funciona a mig gas però, en canvi, l'Easyeverything ja està abarrotat. Hi ha quatre-cents cinquanta ordinadors i, davant de la majoria, turistes que reben i envien emails.

Amb el pas rutinari de qui es dirigeix al seu lloc de treball quotidià, Rambla avall desfila l'home de la pilota, el que es passa hores donant-li puntades de peu. Vesteix la samarreta de la selecció catalana i a la mà du una bossa d'esport negra. Poc després baixa el noi dels bongos. Les estàtues humanes també van ocupant els seus llocs. N'hi ha una que—suposo—deu voler recordar la màscara d'*Scream*, però en canvi porta els dits de Freddy Krueger. Un parell de nens que juguen amb un ventilador portàtil l'hi passen pels morros i ell no es belluga. També s'aturen davant de l'altra estàtua, que va de Colom i que, al pedestal, exhibeix l'adreça d'internet: www.galeon.com/colon. A aquest, per comptes de passar-li el ventilador pels morros, li pregunten:

—Oye, ¿dónde está América?

I vinga riure. A la barra del Quim de la Boqueria, els turistes que hi passen observen com els indígenes consumim peus de porc, tripa o ous ferrats amb xanguet, i no saben què triar, com ens succeeix a nosaltres quan, posem que al sudest d'Àsia, observem els cossos d'animals que pengen dels restaurants, amb desconfiança i sense identificar-los. A la Boqueria s'extasien sobretot davant les parades de fruita, pels colors vius. Dos japonesos miren amb curiositat els carbassons. Una italiana amb una càmera enorme fotografia els raves. Les dependentes de la parada de fruites Vidal Pons, just a l'entrada del mercat, n'estan fins al capdamunt, de tantes fotos:

—Vinga, les fotos que les paguin. A cinc-centes pessetes la foto!

Els turistes no entenen què diuen les dependentes, i posen davant la fruiteria perquè els seus companys apretin el flaix. I ho toquen tot. Les muntanyes de peres, els pans de figues i dàtils... I quan els han ben tocat i retocat, els deixen on eren. Per no faltar a la veritat, direm que una alemanya compra cinquanta grams de panses.

Segons els quiosquers, els més interessats en les revistes porno són els anglesos.

—Ho duen als gens. Siguin adolescents o homes grans, de seguida que les veuen s'hi desviuen per comprar-ne alguna. Més que els alemanys, els italians, els francesos... Aquests filipins d'allà, en canvi, que són tripulants de vaixell, les agafen, miren les tapes, es posen calents, però no en compren cap.

Entre els badocs deambula un nen de trets magrebins, amb samarreta negra de Nike, pantalons negres i vambes blanques. No deu tenir ni deu anys. El quiosquer me l'assenyala.

—Aquest va al darrere de tot el que es belluga.

En efecte, voleteja entre els turistes, observa de prop bosses i motxilles. Intenta obrir alguna de les cremalleres. Cada tant pregunta a algú: «¿Qué hora es?» En aquest moment se situa darrere d'un home amb motxilla i, amb dits hàbils, aconsegueix obrir-li una mica la cremallera de la butxaca posterior, però no en pot treure res. L'home ni se n'adona. Torna enrere i abandona la presa per fixar-se en una altra motxilla. Hi va al darrere, allarga la mà dissimuladament i intenta obrir-la. Veu que no pot i la deixa estar. Ara em mira. Ha vist que fa estona que el segueixo. Li sorprèn que escrigui. Se m'acosta i mira la llibreta on anoto això.

—¿Qué escribes?—pregunta.

L'hi ensenyo. Mira les paraules sense entendre-les, però, com que veu que li somric, no acaba de desxifrar què hi pinto. Per si de cas, se'n va cap a la font que hi ha davant del Moka. Fa un glop d'aigua i travessa la calçada. Però al cap de poc torno a trobar-me'l, embadalit davant de l'home amb xanques i els dos que fan veure que són titelles.

Les dues estàtues d'egipcis daurats tenen poc èxit. Bastant més en té el soldat romà, pintat de coure, que hi ha a pocs passos. Qui, per cert, al pedestal especifica el preu que s'ha de pagar perquè el fotografiïn: «Una foto: 100 pts.» Als turistes els encanta que, cada vegada que tiren una moneda a la capsa, el romà es bellugui. S'ha format un cercle de persones que el contemplen fascinats i, a vint duros la foto, no paren de fotografiar-lo. I aleshores, en línia recta, travessant la circumferència de gent, passa un home magre, amb patilles i accent andalús:

—¡Pero si Marco Antonio era maricón...!

El soldat romà amaga un gest de desgrat que em fa pensar que la broma deu ser habitual. Poc més amunt, l'indi sioux groguenc té problemes amb la sabata. Es retira un moment del pedestal, es recolza en un arbre, es treu la sabata, fa caure la pedra que el molestava i encén un cigarret. I, llavors, el soldat americà que hi ha a escassos metres—de la Segona Guerra Mundial, amb casc, jaqueta de cuir, prismàtics, cantimplora i botes altes, tot ell de color bronze—se li acosta i comencen a xerrar. I resulta que en aquest instant no hi ha cap càmera que immortalitzi la trobada: el soldat de la Segona Guerra Mundial i l'indi sioux fent-la petar i fumant un cigarret. Però els turistes els passen pel costat sense veure'ls. Com que no són damunt del pedestal... Quina poca visió de l'oportunitat fotogràfica. Quin poc interès per la vida. Que burros que són els turistes, per Déu.

La Vanguardia, 28 juliol 2001

UNA PLAÇA TURISTA

De l'última vegada que vaig ser a la Monumental en fa ara quaranta-cinc anys. Jo en tenia quatre i mon pare em va dur als toros perquè a l'avi, valencià de la Vall d'Albaida, li encantaven, i encara que a mon pare li importaven un rave va creure necessari comprovar si la passió per la tauromàquia renaixia en la generació següent. Recordo que torejava Chamaco i que em vaig passar la corrida dibuixant batalletes de romans en un gran full de paper, sense cap curiositat pel que passava a l'arena. En vista de la qual cosa no hi vam tornar mai més.

Fins avui, que per començar em deixo caure pels bars dels voltants de la Monumental. No hi ha el Sol y Sombra, però sí La Gran Peña, al carrer Marina, amb fotos de toreros i de la plaça, i un ambient d'habituals. Alguns amb barrets com de segador. Hi ha també un tipus vestit de blanc, amb un mocador vermell al voltant del coll i una bóta penjant-li de l'espatlla. Als altres bars que circumden la plaça—el Bretón, el Burladero, el Quin Pal—també hi ha bullícia, però menys.

Davant de la plaça de toros els autobusos descarreguen els turistes. Reusbus, Molist, Sarfa, Moyano... Els descarreguen i se'n van. Hi ha algunes rotllanes amb una guia al mig, que dóna instruccions. Davant de les taquilles hi ha cues de turistes triganers, que a aquesta hora encara no han comprat l'entrada. Japonesos, alemanys, italians... Un senyor intenta vendre cartells de la corrida. Un altre que hi ronseja (no sé deduir a què es dedica exactament) es lamenta:

—Nada, esto no se llena. Ni que trajesen el triple de autocares. Esta plaza es demasiado grande. Si viniesen españoles, como antes, entonces sí. Pero no vienen. Si no fuese por los guiris, tendrían que cerrar. Esta es una plaza turista.

Pel que es veu, els turistes van a sol, que és més barat que ombra. La majoria ocupa de seguida els seients, gairebé amb por de barrejar-se amb els indígenes. Els pocs que opten per barrejar-s'hi passegen pel pati de cavalls i alguns acaricien el coll dels animals, ja engalanats. Tota la zona desprèn una interessant olor de pixarades i merda. Dins de les quadres, alguns cavalls renillen. Per aquí i per allà pul·lula una massa humana d'individus en general baixos i amb poques dents, que tendeixen a situar-se davant de la porta d'arrastre. Passa Antoni Ribas. Un senyor que insisteix a explicar-me la tradició catalana dels toros em presenta el toriler, un cavaller molt simpàtic que em regala una branqueta de menta. Dos turistes fan un cop d'ull per la finestreta de la capella, a veure què hi ha. Hi ha molts catalans de la Catalunya catalana, per cert. Sense anar més lluny, al tendido se m'asseu al costat una família d'Olot.

—És gran, aquesta plaça. No s'emplenarà pas això, ¿eh?—diu el pare—. Goita tu, el Canal Plus de Televisión, ¿eh? Gerard, sortiràs per la tele i tot! —Quan es fixa en la banda de música es dirigeix a la dona:—Tu, sembla la Maravella, aquella orquestra, ¿veus?

És com estar envoltat per parents dels del Teatre de Guerrilla.

Quan comença el paseíllo, els guiris no saben si aplaudir. De seguida descobreixen que la tàctica consisteix a fer el que veuen fer als indígenes. El senyor d'Olot es diverteix identificant els toreros:

—Mira! El Juli! El Finito de Córdoba! El del mig, el del mig és el Juli!

El primer toro surt tan disparat que clava una banya en un burladero. Un calfred recorre les fileres guiris.

—¿És el Juli, pare?

—No, és l'Enrique Ponce—diu el pare.

Els turistes se sorprenen quan veuen que la cosa consisteix, sobretot, a cridar als secundaris. Els espectadors saben sempre millor que els que són a l'arena el que cal fer en cada cas. Quan el toro l'entretenen en un burladero s'ha de dir: «¡Déjaselo ya, hombre, déjaselo que vaya p'allà!» Quan s'ha de posar coratge: «¡Esos huevos!» Si triguen a torejar-lo: «¡Que es para hoy!» Quan la música no comença: «¡Dadle un poco de música!» O bé: «¡Pepe, la música!» Quan el toro es mostra dèbil: «¿No les da vergüenza traer a ese ganao? ¡Anda que me van a pillar otro día!» O bé: «¡Eso es una cabra, en vez de un toro!» Els turistes es meravellen de l'habilitat amb què els entesos criden en els moments oportuns. No comprenen què diuen però calibren que deuen ser frases de molta substància taurina. Ells, com a màxim arriben a aplaudir cada vegada que el torero fa el fatxenda i toca amb la mà les banyes de la bèstia. Encara que, al cap de poc, fins i tot ells ja han entès que una de les actituds bàsiques de tot bon aficionat és començar a xiular el picador als quatre segons d'haver entrat en acció. Activitat que compaginen amb la de, de seguida que el toro s'acosta a un torero, disparar les càmeres. Les tribunes s'inunden de flaixos. I quan veuen que els entesos treuen mocadors, ells també en treuen, si en porten.

—Pare, ¿aquest és el Juli?—insisteix el nen.

—No, nen. Encara no.

El fervor taurí guiri no dura gaire. No tots els turistes són Hemingway. Després del segon toro, alguns van marxant a poc a poc. No saben el que es perden, perquè el tercer toro és pel Juli. Així que comença a torejar, el d'Olot no cap a la pell.

—Mira'l! Mira'l! L'hòstia! El déu qui el va parir! Mira el nano! Mira el nano!

A la fila del darrere l'emoció es demostra amb paraules diferents:

—¡Figura! ¡Ereh un figura! ¡El máh hondo y el mejoh! ¡Si ereh el mejoh de Ehpaña!

Quan el Juli es posa de genolls per torejar, algunes guiris amaguen la cara entre les mans. També quan entra a matar. Però tot seguit separen els dits per no perdre-se'n cap detall. Durant l'arrastre molts altres turistes s'aixequen. Encara queden tres toros, però la majoria no espera el final de la corrida. Fan les últimes fotos, baixen les escales i surten al carrer, carregats amb banderilles, castanyoles i toros de peluix. Ja han cobert la seva quota taurina i, de fet, amb un sol toro n'haurien tingut ben bé prou.

La Vanguardia, 29 juliol 2001

SETEMBRE A NOVA YORK

QUE DÉU ENS AGAFI CONFESSATS

Si volar a Nova York significava, abans, vuit hores de vol més tres o quatre en tots dos aeroports i en els taxis que t'hi duen o te'n porten, ara la xifra s'ha més que duplicat. No pel vol en ell mateix, que com és obvi continua sent de vuit hores, sinó pels tràmits i controls, previs i posteriors. Tots som, des de fa uns dies, sospitosos.

Al vol d'Iberia que intento agafar des del Prat, els estatunidencs són majoria aclaparadora. Contemplen amb paciència les anades i vingudes de policies, guàrdies civils i homes amb plastró fluorescent que van d'un costat a l'altre, sense que se sàpiga gaire bé quina funció fan. Hi ha un munt de tipus amb walkie-talkies i telèfons mòbils, que parlen sense parar. Però la cua no avança. Sóc al costat d'un grup de novaiorquesos russòfons, de Queens. N'hi ha un que vesteix polo Lacoste, pantalons de xàndal amb tres ratlles laterals i sabates negres, brillants i amb cordons. Els altres homes, per l'estil. En canvi, les dones van com a un casament. Tornen amb bosses d'Aldeasa, amb ampolles de Courvoisier i sangria.

Molts d'ells s'han vist obligats a passar una, dues o tres nits extres a Barcelona, pel tancament dels aeroports, i encara ara no tenen clar que puguin volar. «No m'importa el retard si sortim», diu un. Per això, quan arriba l'hora d'iniciar l'embarcament i, per comptes d'embarcar, anuncien que el vol es retarda per comprovar tots els equipatges de mà, ningú no es queixa. Totes les precaucions són poques. Una per una, obren bosses, motxilles i carteres, i inspeccionen cada objecte que hi ha dins. ¿Què busquen? Armes. Blanques, per exemple, com les que portaven els kamikazes del dimarts. A un home—sinoamericà, que acompanya un grup de nois amb síndrome de Down que han passat uns dies de vacances a la Costa Brava—li requisen una navalla de l'exèrcit suís, una d'aquestes amb culleretes, llevataps i fulles de diferent calibre. El guàrdia civil la té a la mà sense saber gaire on deixar-la, ni què fer-ne. Es repeteix el procés amb cada passatger. A una noia li requisen les tisoretes de tallar les ungles, que acaben fent companyia a la navalla de l'exèrcit suís, la qual finalment ha trobat refugi en una caixa. Tenint en compte que en aquest boeing hi deuen cabre entre dos-cents i tres-cents passatgers, si seguim a aquest ritme la situació pot durar hores.

I les dura. No ens enlairem fins quatre després de l'inici de la revisió d'equipatges de mà. Si d'ara endavant aquests repassos meticulosos s'han de convertir en la cosa habitual, adéu a la rapidesa del tràfic aeri. Però la majoria de passatgers està convençuda que es tracta d'un fet circumstancial, una mesura momentània mentre s'opta per una de les diverses solucions que anuncien els que diuen que en saben. Un cop en l'aire, la prevenció continua en la coberteria. En el joc de metall amb què serveixen els menjars a primera classe han mantingut culleres, forquilles i culleretes, però han retirat els ganivets i els han substituït per uns altres de plàstic. El tipus que s'asseu al meu costat—un inversor bancari de Toronto que viu a Nova York des de fa anys—ho troba lògic. Era a Barcelona, en un congrés d'inversors que es feia en aquella sala de congressos tota nova que l'hotel Juan Carlos I ha muntat a la Diagonal. El migdia del dimarts, en mig d'una de les reunions—una d'aquelles reunions modernes que es munten els executius, amb televisors connectats amb la Cnn i l'Abc i la Nbc i tal—van veure les torres del World Trade Center en flames. Van suspendre la reunió per seguir els esdeveniments: l'ensorrament dels edificis, el desconcert, la tragèdia. El congrés va quedar cancel·lat tot d'una i des d'aleshores han passat els dies a l'hotel Arts, esperant la primera oportunitat d'agafar un avió i tornar a casa. No té parents afectats per l'atac, però sí amics que eren a l'edifici. La seva nòvia és mestra, i per telèfon li ha comentat com resulta de difícil explicar la situació als nens. «El pitjor és quan veus les fotos i reconeixes les cares, i llegeixes els noms.»

Per matar les inacabables hores de vol, passen dues pel·lícules sense gaire suc: *The Mexican* i *Dr. Dolittle 2*. I, després, abans de l'aterratge, aquell documental tranquil·litzant que col·loquen de seguida que poden: amb flors, paisatges preciosos, cabrits botadors, foques amoroses, deus de frescor... La preparació psicològica perquè la tensió dels últims moments desaparegui. ¿Era a *Aterriza como puedas* on, durant el viatge en avió, passaven una pel·lícula sobre un jumbo que s'estavella? Aquí, evidentment, no passen ni una imatge d'avió que pugui portar records. Però les imatges són a tots els diaris d'Estats Units que els passatgers llegeixen: el *Financial Times*, l'*International Herald Tribune*... En tots hi ha fotos de l'atac: els edificis en flames, els xocs un cop i un altre... I, en el *Tribune*, un anunci de l'empresa Morgan Stanley, molts dels empleats de la qual van morir dimarts. És de tipografia sòbria i sense cap gran titular: «A les famílies i amics de Morgan Stanley. Dimarts, molts dels que treballàvem al World Trade Center vam tornar a casa per reunirnos amb els nostres éssers estimats. Lamentablement, no tots van poder fer-ho.» El text, emmarcat en un rectangle negre de dol, continua durant una pàgina sencera.

Entrem a Amèrica pel Canadà. Molts s'aboquen a les finestres. ¿És allò Hallifax? ¿O es tracta de Boston? Una estona després veiem la costa de Long Island, amb les casetes i els embarcadors, un al costat de l'altre. Hi ha barques de vela, que naveguen amb suavitat, en contrast amb les embarcacions de motor, que deixen ràpides esteles de bromera. Fa un sol preciós i, davant d'aquesta vista idíl·lica, és com si *allà a baix* dimarts no hagués passat res d'especial. L'avió gira lentament, enfilant cap a Queens i, aleshores, al lluny, es veu Manhattan. Els passatgers deixen de parlar tot d'una i miren per les finestres. Es distingeix clarament la silueta de l'Empire State Building. I, més avall, el Lower Manhattan, que encara continua cobert per una fumera clara i immòbil. Tothom calla i observa amb avidesa, intentant, malgrat la distància, situar el buit on hi havia les Torres Bessones.

Ja a terra, després del control de passaports (més lent i complicat que mai), quan travessem Queens en taxi un cartell adverteix de la situació: «Manhattan: tancat al sud de Canal Street». A l'illa, els carrers són un esclat de banderes dels Estats Units. N'hi ha pertot. Mai a la vida havia vist Nova York tan plena de banderes. Penjant de totes les astes, adherides als vidres de les botigues, dels bars, dels delicatessen. De vegades soles, de vegades agermanades amb la bandera de la nació d'origen dels propietaris, siguin mexicans, portoriquenys, haitians, italians, irlandesos... Apareix penjada de les antenes dels cotxes, als taxis, a les grues. I als rètols lluminosos. A Times Square llueix una enorme bandera de neó. I, a algunes façanes, la bandera i una recomanació: «Doneu sang». També hi és en forma de pin, de xapa i de llaç, als pits de milers de ciutadans. Com aquells llaços roses, verds, blancs o blaus que s'han fet servir aquests últims anys per reivindicar des de la solidaritat amb els portadors del virus de la sida fins a les lluites mediambientals. I molts dels nois modernets que a més de masclet duen bandana al cap han substituït la bandana habitual per una altra amb les barres i les estrelles. Fins els gossos van adornats amb banderes. Aquest matí, per Broadway—a l'altura del carrer 50—he vist un senyor i una senyora que passejaven dos gossets, petits i peluts, amb mocadors amb la bandera al coll.

També hi ha cartells pertot arreu. Uns, improvisats; altres, impresos a consciència: «Que Déu beneeixi Amèrica» i «Reseu per les famílies i les víctimes». I samarretes. Com era de preveure, els carrers ja són plens de samarretes al·lusives a la tragèdia. En la majoria hi ha fotos de les torres cremant, acompanyades per textos que invoquen a la unitat i a la fortalesa. «El dia que Lady Liberty va plorar: 11 de setembre de 2001», s'hi llegeix en una. En una altra, damunt la imatge de les torres tal com eren abans de l'atac de dimarts, el text: «World Trade Center, 1975-2001. Podeu destruir-les, però no podeu destruir la llibertat i l'esperit dels ciutadans dels Estats

Units. Estarem units, encara més forts. Que Déu beneeixi Nova York, que Déu beneeixi Amèrica.» Si completem tot això amb la quantitat de portades de diaris en què apareix la paraula «guerra» (de vegades sense més acompanyament: «Guerra», com en el cas del *New York Post*, crec haver vist), és fàcil imaginar quina una ens espera.

La Vanguardia, 17 setembre 2001

ALBADA A WALL STREET

Fa dies que la borsa de Nova York va anunciar la intenció d'obrir les portes coincidint amb l'inici de la setmana. Segons diuen, des del 1933, durant la depressió, no havia estat tancada durant tant de temps i era qüestió de no superar el rècord. Un rècord que han esmentat tots els mitjans de comunicació, parlats o escrits, junt amb una altra referència històrica: que la borsa va patir el 1920 les conseqüències d'un atemptat; una bomba va esclatar a tocar de l'edifici, davant les oficines de l'empresa J.P. Morgan. Va matar quaranta persones i en va ferir centenars. Ni punt de comparació amb el que va succeir dimarts passat.

Els més recelosos dubtaven que finalment pogués obrir, però n'hi havia prou de fixar-se en les ganes que tots tenien que fos així per adonar-se que, costés el que costés, obririen. Malgrat els problemes d'electricitat, de línies de telèfon i de transport. El pont de Brooklyn encara està tancat, però l'alcalde ha organitzat ferris perquè els que vénen de l'altra banda del riu puguin també tornar a la feina. Les línies de metro continuen en situació de caos, a la part baixa de la ciutat. N'hi ha que efectuen parades no habituals, i altres s'aturen on no acostumen, amb la qual cosa el desgavell és considerable. Algunes estacions estan tancades. La de Chambers Street, per exemple, per la qual els metros passen sense aturar-se i lentament, com amb respecte. Aquesta situació recorda el Berlín de fa quinze, vint, vint-i-cinc anys, quan agafaves el metro i passaves per estacions fantasma, on el comboi no s'aturava mai perquè eren *a l'altra banda*. Que un tros de Nova York estigui aïllat i voltat de tanques també porta el regust de compartimentació del Berlín d'aleshores. Tota la zona d'edificis al voltant del que va ser el World Trade Center—el Centro de Comercio Mundial, segons un presentador de la tele hispana—està prohibida a qui no demostra amb papers que té alguna cosa important a fer-hi. Al llarg de Canal Street, tanques i cotxes de policia impedeixen el pas de qualsevol vehicle que no tingui una missió de rescat. Autoritzen el pas d'ambulàncies, de camions per recollir runa, de vehicles de bombers i de policia, però no de particulars. A cada carrer, fins i tot en aquells que són estrets, hi ha almenys un cotxe de policia aparcat de manera que ningú no pugui passar-hi.

The New York Times es plantejava ahir els problemes que podria provocar el fet que, de sobte, avui, milers de persones entressin en una àrea tan caòtica. Només a la borsa treballen tres mil individus. I dotzenes de milers a les empreses que hi ha a prop, al llarg i ample del barri financer. És fàcil imaginar la quantitat de quilovats, de circuits telefònics i de cable de fibra òptica que tota aquesta gent necessita i que l'atac de dimarts en bona part va destrossar. D'aquí l'expectació d'aquests dies. ¿Obrirà o no obrirà? Tant l'alcalde, Rudolph Giuliani, com Richard Grasso, peix gros de la borsa, apostaven que sí, malgrat tot. La companyia telefònica no ho veia tan clar, tot i haver posat mà a l'obra. Per facilitar l'operació de retorn a la feina, la Cnbc (canal de notícies només econòmiques) es va passar la tarda d'ahir explicant, als que tenen les oficines al barri financer, com arribar-hi amb transports públics, donat que, amb algunes excepcions, els cotxes estan prohibits en tota aquesta zona. I diuen que, des d'ara, a determinats carrers ho estaran per sempre més, per raons de seguretat.

¿Per què donen tanta importància a la reobertura de la borsa? És evident: pel que té de simbòlic. La borsa és el motor de l'economia, d'aquest país i dels que abracen el sacrosant capitalisme, que són gairebé tots els del planeta. Que la borsa novaiorquesa obri és el senyal de l'inici de la recuperació. Pot tenir també una altra lectura interessant i encara més esperançadora. Borsa i guerra poques vegades van completament d'acord i la reobertura d'aquella servirà de contrapès a l'ànsia de guerra que avui molts coven. N'hi ha prou de veure algunes portades de diaris. Si a la primera pàgina, ahir, el titular del *New York Post* era «Guerra», avui és «Creuada». Veurem amb quin sinònim aproximat surt demà.

Qui sap si seguint les explicacions d'ahir de la Cnbc, un jovenet ros i polit llegeix *The Wall Street Journal* mentre espera el metro. Porta el vestit de combat dels amos de l'univers als quals es referia Tom Wolfe a *La foguera de les vanitats*. Quan el metro arriba, el ros puja i s'asseu al costat d'un noi de pell color d'oliva, que porta una bandera americana sobresortint-li de la butxaca davantera dels pantalons. El metro—atapeït fins a Canal Street—circula amb lentitud. A les estacions de Canal Street i Broadway-Nassau molts dels accessos estan tancats i les úniques sortides s'embussen amb facilitat.

A fora, al carrer, furgonetes de cadenes de televisió, amb els grans plats de les antenes parabòliques. Els reporters van d'un costat a l'altre, entrevistant tot el que sigui entrevistable: policies, corredors de borsa, venedors... Una capa espessa de pols ho cobreix tot: les façanes dels edificis, les veles i els aparadors de les botigues, els cotxes i les furgonetes que hi estan aparcats des del dimarts. N'hi ha que aprofiten aquesta pols per escriure amb el dit frases d'odi o d'esperança. Tota la ciutat és plena de frases. En una cantonada, una dona d'ulls enrogits mostra dos fulls amb les fotos d'una noia desapareguda. Moltes botigues encara són tancades. A mesura que un s'apropa a Wall Street i els carrers es tornen més estrets, s'espesseix la riuada de gent. Són milers de persones tornant a la feina després de dies. Als carrers, entre els murs que formen les tanques, als policies locals se'ls han afegit policies de l'estat (amb barrets més aviat rurals) i soldats de l'exèrcit, vestits de camuflatge i amb casc. De què serveix a ciutat un vestit de camuflatge fet a base de taques marrons i verdes (pensat pel camp), és una cosa que no entenc. La majoria porten màscares, des de les més senzilles (blanques, simples, com les que duen molts ciutadans en aquesta banda de Manhattan), fins a autèntiques antigàs. A aquest bullit bèl·lic s'hi afegeixen els corredors de borsa, que caminen a pas ràpid cap a la feina, i, aquí i allà, brigades d'homes i dones carregats amb escales, escombres, pals de fregar i galledes, disposats a començar a netejar el barri. L'espectacle humà és impressionant: aquest formigueig multicolor, bigarrat i sense cap minut per perdre, s'agita en mig del fum espès i d'aquesta olor de cremat que arriba del cràter del World Trade Center. N'hi ha prou de girar la vista per veure, *allà*, el buit: el que han deixat aquestes dues torres que, cada dia, sorprèn que no siguin on eren una setmana enrere. M'ho explicava ahir una dona que prenia un mojito al Cuban Lounge: «Cada dia, quan vinc de Queens a treballar, veig Manhattan al lluny i miro cap a on haurien de ser les torres, i cada dia veig que no hi són. És com si esperés que, un dia, tornessin a ser-hi i tot hagués estat un somni.»

I aleshores, en l'últim pas de la llarga caminada cap a Wall Street, de sobte apareix la façana de la borsa. No es tracta d'una borsa qualsevol. És la borsa de les borses, la mare de totes les borses, el centre del món de la pasta gansa. Les grans columnes de la façana estan cobertes amb una gegantesca bandera dels Estats Units. Entre el fum blanquinós que ho difumina tot, el paisatge té alguna cosa d'irreal. Davant de l'edifici hi ha cues ordenades d'empleats que s'identifiquen escrupolosament per poder accedir als llocs de treball. A tots els donen un pin amb la bandera de les barres i les estrelles i el logo de la borsa: NYSE. De seguida se'l col·loquen a la solapa. Sense immutar-se, passa un jove en samarreta i pantalons curts, fent jogging, com si fos a Central Park i no en aquesta bombolla poc respirable. Alguns agents de borsa arriben amb el somriure als llavis i amb corbates amb els colors de la bandera.

I just allà, a tocar de la cua i les tanques i la pols, hi ha aparcats quatre cotxassos impressionants. (A aquests sí que els han deixat passar.) Dins, a cada un dels cotxes, correctament assegut en el seient posterior, hi ha un senyor de mitjana edat. Tres llegeixen *The Wall Street Journal*. L'altre mira per la finestra amb gest distret. Per no respirar el fum blanquinós que envolta aquesta zona, tot i estar aparcats, cap dels quatre cotxes no ha tret el contacte, perquè així funcioni l'aire condicionat. Encara són dos quarts de nou. D'aquí a una hora la borsa tornarà a obrir.

A la cantonada hi ha un pub irlandès. Un parell d'homes s'afanyen a netejar-lo. S'ha d'estar a punt per quan les hosts d'agents de borsa surtin de la feina disposades a aplacar la seva set llegendària.

La Vanguardia, 18 setembre 2001

UNA GUERRA A LA RECERCA DE NOM

A dos quarts de cinc de la tarda hi ha una llarguíssima cua davant del teatre Ed Sullivan, a Broadway. Són els espectadors del programa d'aquesta nit de David Letterman, *Late Show*, que, com sempre, es grava unes hores abans. Avui s'emetrà per primera vegada des de l'atac de l'11 de setembre. No perquè el suspenguessin, m'explica una de les acomodadores, sinó perquè descansaven. El d'avui és, doncs, un programa especial, perquè n'hi ha molts que tenen ganes de veure com tracta Letterman tot això que ha passat. No és que hi hagi misteri. Suposo que aplicarà la mateixa tècnica que Jay Leno i ell mateix van aplicar fa una dècada amb Saddam Hussein. Al llarg de la cua, un jove empolainat explica a la gent com ha de comportar dins del teatre: res de fotos, res de gestos ni sorolls obscens, què ha de fer algú si té ganes d'anar al lavabo... Cada tants metres, el noi repeteix l'explicació perquè tothom ho entengui amb claredat. El text és, sempre, exactament el mateix. Deu ser un aspirant a actor, amb experiència en això de memoritzar.

Que el xou de David Letterman es reprengui indica que a poc a poc les coses retornen, si no a la normalitat, a alguna cosa que se li assembla. Com repeteixen els presentadors de televisió més tòpics, «the show must go on». Per això, avui també torna a haver-hi esport. En beisbol havien de jugar els Yankees contra els Tampa Bay Devil Rays, però al final ho han cancel·lat, suposo que perquè l'estadi serveix aquests dies per feines derivades de l'ensorrament del World Trade Center. Però sí que hi ha beisbol a Pittsburgh, on els Mets juguen contra els Pirates. També juguen a Montreal, i a Saint Louis. I, evidentment, ho donen per televisió. Són ja molts dies dedicats en exclusiva a la tragèdia i fins i tot Bush ha dit que s'ha de tornar a la feina i a l'esport.

A Central Park South hi ha un bar anomenat Mickey Mantle, freqüentat per afeccionats a l'esport. Porta el nom d'un jugador de beisbol que va jugar als Yankees des del 1951 fins al 1969. Va aconseguir cinc-cents trenta-sis homeruns i va ser el jugador més popular de la seva època. En memòria seva hi ha una placa a la paret, còpia—suposo—de la que li va lliurar Joe DiMaggio a la cerimònia d'homenatge que li van muntar al Yankee Stadium el 1969. És un bar gran, de línia clara, amb una enorme barra central de pedra negra i cantells de fusta, tipus piscina, com la que, a Barcelona, hi havia al Canaletes abans que hi instal·lessin un Burger King. Els clients són formals, joves, amb masclets i samarretes bàsicament negres.

El partit encara no ha començat i per la tele donen la notícia de l'home que, a Ohio, ha fet xocar el cotxe contra un centre islàmic. Cal suposar que l'home intentava donar simetria, en la mesura de les seves possibilitats, al xoc dels avions contra les torres bessones del World Trade Center. Si ells han encastat avions contra els nostres símbols, jo encastaré el meu cotxe contra els seus. Fins ara, això de fer xocar voluntàriament els cotxes contra els edificis només ho feien determinats lladres, per rebentar els aparadors de les joieries. Si la tendència es confirma i a la gent li agafa per fer-se el kamikaze, aviat tothom estarà llançant l'avioneta, bicicleta, furgoneta o ala delta contra el veí a qui té mania.

Com que el bar és massa tocat i posat me'n vaig a un altre, el 54, a Broadway (tocant al carrer 54). Aquí, d'entrada, hi ha una cambrera que fa caure d'esquena. És guapíssima, amb una cintura perfecta i uns pantalons tan impecablement cenyits que sembla impossible que se'ls hagi pogut posar. Suposo que perquè no sigui tot tan agradable, et serveixen la cervesa en gots de plàstic. El públic és també jove. Parlen els uns amb els altres a crits. A la tele, als preliminars del partit entre els Mets i els Pirates, els jugadors expliquen les seves sensacions quan van saber què passava. Quan comença la cerimònia prèvia, a la barra cessen algunes converses i l'amo abaixa el volum de la música i apuja el d'un dels televisors. Un càiron (aquella línia de subtitulat que passa per la part baixa de les pantalles, d'un costat a l'altre) explica un cop i un altre que es tracta del «primer partit des de l'atac terrorista». Per començar hi ha una pregària. Tots els jugadors mantenen el cap baix i les gorres al pit. Un jugador dels Mets s'eixuga una llàgrima. Un altre plora sense dissimular. La pregària és llarga, sobre la bondat i l'esperança. A continuació guarden un minut de silenci, acabat el qual apareixen soldats amb banderes americanes que passegen per l'estadi. Aleshores canten l'himne americà. En aquest moment, la pantalla es divideix en dos. En una meitat, a l'estadi de Pittsburgh, veiem els jugadors i el públic cantant amb la mà al cor. A l'altra meitat, imatges en directe dels treballs de rescat a les ruïnes del World Trade Center, a Nova York. Impecable, la col·locació del missatge.

Com que no m'agrada la cervesa en got de plàstic, me'n vaig a un altre bar que hi ha a prop: The Irish Pub. Allà l'ambient és més barrejat. Homes i dones, joves, de mitjana edat i grans, contemplen els quatre televisors distribuïts per la sala. El cambrer i un client tenen un fort accent irlandès. Per la tele es veu com, al partit que s'ha de jugar a Montreal, és la policia muntada canadenca qui desfila enarborant la bandera americana. Els canadencs, que sovint són objecte d'acudits i xanxes per part dels estatunidencs (una mica com els belgues per part dels francesos), ofereixen aquests dies mostres constants de solidaritat oficial. A la premsa apareixia aquest matí un anunci del govern canadenc encoratjant els veïns de baix. Tots els jugadors duien cosida a l'esquena la bandera americana, i la duran durant tota la temporada. A l'estadi de Saint Louis, els Cardinals juguen contra els Brewers de Milwaukee. Amb els Cardinals s'alinea, per cert, un tal Pujols (Albert Pujols és el nom complet), que no sé si és partidari de la hiperxiologia ni si hi té res a veure. En el bloc d'anuncis en posen un on, sobre una bandera americana i imatges de jugadors de beisbol, es poden llegir, una a una, les frases següents: «Estem de dol. Curem les nostres ferides. Units resistim. I juguem. Però no oblidarem mai.» Amb aquesta última frase apareix la imatge de les Torres Bessones.

A Saint Louis, els que desfilen abans del partit són policies i bombers. N'hi ha centenars. Tots uniformats. Quan finalment s'aturen, els bombers presenten les destrals com els soldats les armes. Hi ha un parlament de Jack Buck, que—segons m'explica el meu company de barra—és una institució de les retransmissions radiofòniques dels Cardinals. La missió de Buck és clara: tranquil·litzar les consciències dels que dubten si no hauria estat millor guardar uns dies més de dol, abans de tornar a jugar: «¿Hauríem de ser aquí? Sí!» I explica el perquè: perquè el país ha de recuperar la normalitat, encara que segons tots els mitjans de comunicació ja siguem en una guerra no declarada.

En això tothom hi està d'acord. Que es tracta d'una guerra. Ho diuen els diaris i ho diu la tele. Totes les cadenes en diuen de la mateixa manera: «New War». «Guerra nova» o «nova guerra», perquè és nova l'estratègia. No és una guerra contra un estat convencional o una aliança d'estats, sinó contra un individu, Bin Laden, i aquesta xarxa difusa d'interessos i complicitats de què parlen per aquí i que s'estén per mig món. Però «nova guerra» no és un nom per passar als llibres d'història. Fa deu anys, quan a l'Iraq van començar amb les bombes, es van inventar allò de «guerra del Golf», un nom poc precís perquè de golfs n'hi ha més d'un i ells es referien, concretament, al Pèrsic. Però, imprecís o no, el nom va tenir èxit i així el van fer servir els mitjans. Però això d'ara, això de «guerra nova», és encara més eteri. (Podríem buscar denominacions similars. La de Camp Nou, que ha funcionat perquè parteix d'un camp previ, el vell de les Corts. I el newspeak, la nova llengua que va predir Aldous Huxley a les seves novel·les.) Diguem que això de «nova guerra» és més aviat un *working title*, un títol provisional com el que els escriptors utilitzen mentre no troben el títol definitiu del llibre en què estan treballant. ¿L'anomenaran «guerra d'Afganistan», si finalment comencen a bombardejar-hi? Però ja n'hi va haver una amb aquest nom, fa uns anys. ¿L'anomenaran «guerra de Bin Laden» si finalment el talibà el lliura i tot acaba aquí, almenys de moment? ¿O tornarem a les denominacions basades en el temps que van durar: guerra dels Trenta Anys, guerra dels Sis Dies...? Suposo que s'admeten suggerències.

(Els Mets, per cert, han acabat guanyant per quatre a u.)

La Vanguardia, 19 setembre 2001

QUÈ FER AMB LES TORRES

L'atac ho afecta tot. *The New York Times* va complir dimarts—just una setmana després de l'atac—el cent cinquantè aniversari. Com que no es compleixen cent cinquanta anys cada dia, feia mesos que havien planificat una celebració d'aquelles que fan història. Ara ha estat aplaçada sine die.

La llista de llibres més venuts també n'ha sortit modificada. De sobte, Nostradamus és un dels personatges que més interès desperta entre els novaiorquesos. *La profecia de Nostradamus*, de John S. Powell, i *Nostradamus: les profecies completes*, de John Hogue, es venen com mai abans. També es venen llibres sobre el món àrab, sobre Bin Laden, i llibrots sobre el World Trade Center, amb fotos d'aquelles grans, a color, i la història de com es va construir.

També el món virtual en pateix les conseqüències. D'entrada, han anunciat que retiraran tots els videojocs on, en un moment o altre, la ciutat de Nova York és destruïda. Val més no cridar el mal temps. Simultàniament, Microsoft ha anunciat que esborrarà dels simuladors de vol les imatges del World Trade Center. Per no donar males idees o per ajustar-se a la realitat, tal com és ara. En canvi, als carrers de la ciutat, la presència icònica o nominal de l'inexistent World Trade Center és considerable. A les botigues de quincalla venen estatuetes de les Torres en miniatura, d'un centímetre i mig d'altura. N'hi ha de platejades i n'hi ha de daurades. A noranta centaus: una ganga. A les samarretes, posades a la venda després de l'atemptat, i que es venen com a xurros a les parades de les cantonades, les Torres hi apareixen gairebé sempre, al pit, senceres o destruïdes, perquè el comprador triï, segons sigui de tendències optimistes o depressives. A la guia telefònica encara hi ha una serralleria, una copisteria, una galeria d'art, una floristeria i un centre dental que porten World Trade Center com a nom. A la realitat, han desaparegut perquè eren *allà*. I quan hi telefones no contesta ningú. L'empresa de prostitució de luxe Cosmopolitan Escorts presenta, als anuncis, la silueta de les Torres, especialment ressaltades, amb un halo quasi diví al voltant, suposo que perquè la metàfora erèctil sigui evident i duplicada. Tots els senyals de trànsit que, als carrers, indiquen com arribar a les torres desaparegudes no tenen ara cap sentit. A l'andana del metro E, a Lexington Avenue, hi ha un cartell que informa: «8 Av. Local to World Trade Center». I és mentida, perquè ja no hi van metros al World Trade Center. No existeix.

De manera que les autoritats del transport han editat ja un nou mapa del metro. Es pot aconseguir per internet (a www.mta.nyc.ny.us) o a les estacions. És en blanc i negre, sobri, i ajuda força perquè el mapa que fins ara et donaven—de coloraines i desplegable, i amb tota mena d'explicacions—no serveix de gaire del carrer 14 cap avall. I la situació continuarà així durant mesos. Línies que acaben en estacions anteriors a les indicades, estacions fantasma, línies que des d'ara segueixen una altra ruta... La troca de colors d'antany, atapeïda i embullada, s'ha fet ara sorprenentment clara en el mapa d'aquesta part de Manhattan.

El World Trade Center és ara al centre dels sentiments dels novaiorquesos però, si hem de fer honor a la veritat, cal recordar que no va ser l'edifici de Nova York que més apreciaven, ni de bon tros. Quan el van inaugurar, el 1973, va complaure ben poca gent. Era lleig, desangelat: un parell de blocs sense gràcia, enormes i presumptuosos. A més, cometien un pecat imperdonable a Nova York: eren tan alts que, al seu costat, la resta de gratacels de Manhattan—els entranyables, els de sempre—semblaven petits. El World Trade Center es ficava amb prepotència entremig d'una línia del cel assumida des de feia anys. Molts novaiorquesos han preferit sempre l'Empire State Building. O el Chrysler. O fins i tot, des que el van construir, el gratacel postmodern de Philip Johnson. Ben pocs preferien les Torres Bessones. No t'aconsellaven mai visitar-les, ni pujar al mirador i, en canvi, et proposaven pujar a l'Empire i contemplar la ciutat. El 1979, Paul Goldberger (a *La ciutat observada: Nova York. Una guia de l'arquitectura de Manhattan*) donava l'opinió sobre les Torres: «Són un motiu per lamentar-se: no haurien hagut de construir-les mai, no van fer mai veritable falta, i si alguna cosa diuen de la nostra ciutat és que, quan arriba el moment de la grandesa, retrocedim cap a la banalitat.»

S'han convertit en un exemple claríssim que, de vegades, a la vida, no aprecies una cosa fins que la perds definitivament. És per això que la desaparició de les Bessones en significa la consagració, no arquitectònica sinó com a mite patriòtic, estampa capitalista, símbol del progrés en front de la barbàrie; el que sigui. El que no van aconseguir quan estaven en peus, ho aconsegueixen ara que ja no són més que un munt de runa on pul·lula un exèrcit de treballadors amb casc. Gairebé tothom en lamenta la pèrdua però, abans, pocs trobaven plaer quan les contemplaven. I dic «gairebé tothom en lamenta la pèrdua» perquè, per exemple, una amiga m'explica, sense alçar la veu, que des que les Bessones no hi són hi ha més claror en aquella banda de l'illa.

Heus aquí—amb excepcions com la descrita—un canvi de postura generalitzat. Un altre canvi, potser no tan generalitzat, és una por certa a treballar en gratacels alts. No sols la sensació que representarà anar cada dia al nou World Trade Center, quan el tornin a construir, i estar-s'hi un munt d'hores. Podrien fins i tot edificar-lo a prova de xocs d'avions. Ahir, un enginyer estructural, de l'empresa que va erigir les torres de Kuala Lumpur (Petronas, crec que en diuen), explicava que amb diners es pot dissenyar el gratacel que es vulgui. Però el resultat final—un gratacel a prova d'impactes d'avió—seria una cosa semblant a un búnquer gegantí, i d'un aspecte poc atractiu. I, a part de la utilitat i dels metres quadrats, un gratacel és un signe de seducció, de prestigi, de poder. Per tot això, perquè el gratacel intocable no pot existir, molts ciutadans no hi aniran mai completament tranquils. Cada jornada laboral serà un gairebé imperceptible i constant ai, per si el mur de seguretat tecnològica amb què hauran protegit el nou edifici falla un dia i es demostra menys hermètic del que havien previst. Perquè no hi ha dubte que el nou World Trade Center tornarà a ser l'objectiu preferit de qui sigui que vulgui clavar una estocada a l'orgull d'aquest país.

De manera que, així les coses i mentre no el reconstrueixin, ara passa que l'Empire State Building torna a ser, de nou, l'edifici més alt. Ves per on, recupera la corona. I, de passada, l'estrany privilegi de ser ara l'edifici més desitjat de l'illa en cas que a algú li passi pel cap intentar un nou gran atemptat. Per això no permeten el pas de visitants. S'han acabat les cues de turistes per pujar al primer ascensor i, després, les cues següents a la planta 96 per agafar el segon fins a la planta 102. Avui, davant de totes les portes que donen al carrer 34 hi ha vigilants, impecablement vestits de negre, que no deixen passar ningú. Als que treballen a l'edifici i habitualment entren per aquelles portes els envien avui a l'entrada principal, la de la Cinquena Avinguda. Un executiu amb maletí, a qui tampoc no deixen entrar, invoca la cosa excrementícia i, amb cara de disgust, va cap a la porta indicada. Allà, darrere les tanques policíaques, un vigilant controla els papers de tothom. Hi ha també un grup de policies que parla amb els turistes (sóc incapaç d'identificar l'accent: de Nebraska, com a mínim) que no acaben de resignar-se a no poder entrar. Porten càmeres fotogràfiques i de vídeo, i al pit xapes amb la bandera i la frase «Units resistirem». Però ni així. El vigilant els explica el que fa al cas:

—No sabem quan obrirà. Intentin-ho demà.

I assenyala el cartell que explica: «El mirador és tancat. Gràcies per la cooperació.»

Davant dels finestrals del bar dels baixos de l'Empire (ètnicament anomenat El Torito), una dona jove plora sense girar la cara cap a la paret. Per l'espai que les tanques deixen lliure, es veu com els que van a treballar a l'edifici continuen identificant-se.

Baixo per la Cinquena i, a l'altura del carrer 29,

veig a la paret un cartell on—imitant aquells cartells orientatius que diuen «Vostè és aquí»—es pot llegir: «Vostè és viu». Després m'assabento que el primer d'aquests cartells es va veure fa un parell de dies a TriBeCa, un barri de potentats i artistes propensos a la ironia.

La Vanguardia, 20 setembre 2001

L'AIRE QUE RESPIREM

També hi ha pintades de «Vostè és viu» a Union Square, que s'ha convertit en el memorial pacifista de la ciutat, encara més que Washington Square, tot i que aquesta plaça va ser, durant la guerra del Vietnam, l'epicentre de la revolta estudiantil. Union Square ha estat des de fa vuit dècades un lloc d'activisme polític i laboral. No es diu així per la unió dels estats, ni per cap sindicat («union», en anglès), sinó pel senzill fet que allà s'hi troben Broadway i Fourth Avenue, abans Bowery Lane. Des dels anys vint va ser lloc de congregacions d'obrers reivindicatius, i als seixanta va servir d'escenari pels oradors estudiantils. Encara ara les manifestacions importants passen per la plaça. A una de les cantonades hi ha un Virgin Megastore i, a l'altra, la del carrer 16 Est, Coffee Shop, una cafeteria de nom obvi que és una institució al barri, i amb cambreres que semblen (i probablement són) estudiants de la Universitat de Nova York, que ocupa l'edifici del costat, a més de molts altres més avall. Les noies fan pinta d'estar acabant una tesi sobre Kant, però són lentes i ineficients, com si volguessin demostrar que en el fons les enutja servir taules perquè estan destinades a empreses més elevades. Però s'ha de reconèixer que els ous ferrats amb pernil, patates i maduixes són per llepar-se els dits.

Al davant, ocupant els tres laterals del nord de la plaça, hi ha el mercat dels pagesos. A l'aire lliure, en parades protegides amb veles de color cremós, hi ha el bo i millor que el món rural de Nova Jersey i el nord de l'estat de Nova York poden oferir. Hi ha flors, plantes, fruites, verdures, pans de tota mena, tomàquets orgànics, més fruites orgàniques (aquestes amb certificat), te, formatges amish... El senyor que en ven vesteix camisa, armilla, barret de palla, i porta barba sense bigoti. Sembla tret d'una d'aquelles pel·lícules sobre els amish. Però la noia que l'ajuda no és Kelly McGillis, encara que també té uns ulls grans i una mirada fresca i sense maquillar. De tota manera, el que fa d'Union Square un lloc d'actualitat és allò que hi ha més enllà del mercat, al centre de la plaça, als parterres i a les tanques. Tot és ple de fotos i missatges sobre els que van desaparèixer el dimarts 11 en l'atac al World Trade Center. Fotos, fotos i més fotos, i frases en memòria dels morts. Però aquí el to és diferent. D'entrada, hi ha molt poques banderes americanes. Poquíssimes, comparat amb els memorials instal·lats a la resta de la ciutat. Fins i tot hi ha una bandera brasilera. I una d'escocesa, amb el signe de «Fes l'amor i no la guerra».

Aquest és un barri consolidadament pacifista. Davant l'allau de banderes americanes que omplen les finestres de les cases, les parets, els cotxes, les solapes i cada racó de Nova York, hi ha qui—a punt de comprar també una bandera americana per manifestar la seva pena i l'ànsia de compartir-la—va decidir que, carai, posats a comprar una bandera, millor comprar la de l'Onu. Però, al final, no en va comprar cap. Com en cap altre lloc de Nova York, aquí hi ha cartells contra la «guerra de les galàxies» de Bush. Hi ha pasquins del Living Theater convocant a crear, a partir de dissabte que ve i després de diversos assajos, una «resposta teatral a l'atac contra el World Trade Center». Hi ha fulls impresos on una dona ofereix el seu número de telèfon, per si algú necessita consol i vol trucar-li. En un cartell negre amb uns dibuixos infantils s'hi llegeix: «Just quan l'eruga va creure que el món s'acabava, es va convertir en papallona.» Al costat, convoquen, dimarts que ve, a llançar roses als rius (el Hudson i l'East) des de tots els punts de Manhattan, de manera que, lentament, el corrent condueixi totes aquestes roses cap a la part sud de l'illa, on va succeir tot. En un cartell es llegeix: «Com diu Gloria Gaynor, *I will survive* ("Sobreviuré")». Algú hi ha afegit, en bolígraf: «També ho deien els Grateful Dead». És a dir: els morts agraïts.

A diversos llocs de la plaça hi ha fragments de

la lletra d'*Imagine* de John Lennon, i un ninot amb la seva figura, lligat a una de les reixes dels parterres. Hi ha també una foto de John Wayne de mida natural, en la qual han escrit: «Aquest no és moment per cowboys.» Han penjat la portada del *New York Post* d'ahir, on, a l'estil dels pasquins de recompensa de l'oest, es veu la foto d'Ossama Bin Laden amb les paraules: «Es busca, viu o mort». Al damunt hi han escrit amb retolador: «No ho sabem! Investigueu els investigadors!» Més enllà, un altre cartell convoca a una marxa per la pau a la ciutat de Washington el 29 de setembre.

A les frases de Union Square hi ha tanta queixa per les morts de la setmana passada com prevenció pel que pugui passar en el futur: «Tots els països units en pau»; «Oblidem-nos de la guerra, oblidem-nos de la mort: estimem la vida»; «La nostra pena no és un crit a favor de la guerra»; «El racisme no és la resposta, la guerra no és el progrés, la pau és possible»; «Atureu la guerra»; «Van ser els Estats Units els que van crear el talibà»; «Els àrabs no són l'enemic»; «La seguretat comença a casa: protegiu els vostres veïns àrabs i musulmans»; «Ells també creuen que nosaltres som monstres. Demostreu-los que s'equivoquen.» Al meu costat, un home llegeix aquesta última frase i toca l'ase. No sembla estar-hi d'acord.

Els esquirols corren per l'herba i s'enfilen per la reixa del parterre, buscant un espai entre els cartells per, des d'allà, bellugar el morro a veure si els dones res de menjar. L'esplanada principal de la plaça, que s'estén als peus de l'estàtua de George Washington, ofereix un aspecte inhabitual, sorprenent, teatral, trist. Hi ha milers de flors, desenes de metres quadrats ocupats per espelmes enceses, cera fosa que ha creat una estora multicolor, més fotos, llaços. A l'estàtua han pintat les botes de Washington de color rosa i li han posat a la mà una bandera blanca amb el símbol de la pau. El memorial va sorgir fa una setmana, quan el carrer 14 era la frontera amb la ciutat prohibida i la policia no deixava baixar més avall. Com que la part sud de Union Square és precisament el carrer 14 i la plaça té la càrrega històrica que té, la gent, desconcertada i angoixada, va començar a reunir-s'hi, el més a prop possible del desastre. Aquesta ha estat, des de sempre, la funció de les places. Els carrers són per anar d'un lloc a l'altre, les places per aturar-s'hi, entrar en contacte amb els altres, debatre. Amb l'arribada del cap de setmana, Union Square es va convertir ja en un festival permanent de música: percussió, jazz... Hi ha una banda d'Alabama. Molts joves dormen a la plaça, embolicats en mantes. Tot té un aire molt anys seixanta, però cap dels protagonistes no havia nascut en aquella època. La gent passeja entre les flors, les espelmes, els cartells. Van d'una banda a l'altra, mirant i—m'explica un—una mica tips ja de tant de dol.

«Potser seria millor tornar a la vida normal d'una vegada per totes. Si no, acabarem obsessionats amb tot això», em diu Ralph, que estudia art a la universitat. Hi ha molt artista per aquí. Un tal Zimri Alcantara Levine ha construït dues torres bessones, amb acer i reixes de galliner, i al peu hi posa el número de telèfon, per si algú vol trucar-li: 917-365-4119. Hi ha dues Torres Bessones més sobre un parterre: de sis o set metres de llargada, fetes de flors blanques.

De tot el que he vist, m'ha impressionat un cartell que es repeteix en diverses zones de la plaça. Fa referència al fum blanquinós que cobreix la part baixa de Manhattan, du per títol «Notícies dels desapareguts» i diu així: «Molts desapareguts no els trobarem mai. ¿Saps on són? Tu els respires, han incinerat els morts. Tu n'estàs respirant les cendres.» Després d'un punt i apart, continua: «Els alemanys, que no van fer res per prevenir l'assassinat d'onze milions de persones als camps de concentració, respiraven i ensumaven el mateix que tu ara. ¿Faràs el mateix que ells? ¿T'estaràs amb les mans plegades? Els alemanys van apendre la lliçó i ara són membres del món lliure. Nosaltres hem d'assegurar-nos que això no torni a passar. L'islam no és l'enemic. S'ha de distingir entre els musulmans i els que fan servir l'islam per justificar l'odi i l'assassinat.» Penúltim paràgraf: «No vull que cap família passi pel que passa la meva. La meva àvia té por que el seu nét fos encara conscient mentre cremava fins a la mort. Encara que li diem que no, que en aquell moment ja deuria estar inconscient, la veritat és que no ho sabem.» I acaba: «Recorda què estàs respirant. Actua en conseqüència.»

La Vanguardia, 21 setembre 2001

MUSULMANS I NOVAIORQUESOS

A la Setena Avinguda, molt a prop de Charles Street, hi ha un restaurant amb terrasseta al carrer. És un d'aquests restaurants coquetons que, cada cop més, omplen tots els racons lliures de Greenwich Village, amb una ànsia per aprofitar el terreny (i col·locar-hi un parell de tauletes més) només comparable amb la de les ciutats franceses. El restaurant es diu Mi Va Mi. Una doble pissarra al mig de la vorera mostra la llista d'especialitats. Doncs bé: fins fa dos dies, sota el nom del restaurant escrit amb guixos de colors, hi posava: «Selecta cuina de l'Orient Mitjà». Ara hi posa: «Selecta cuina israeliana». Al gran rètol de la façana encara s'hi pot llegir això de «Selecta cuina de l'Orient Mitjà», però suposo que és perquè no hi ha hagut temps que en facin un de nou.

Que els restaurants novaiorquesos amb cuina de la zona oriental del Mediterrani prefereixin passar per israelians quan fins ara es mostraven sense cap problema com de l'Orient Mitjà demostra com estan les sensibilitats per aquí. A la Novena Avinguda, a prop del carrer West 51, hi ha un restaurant anomenat Afghanistan, Afghan Kebab i fins i tot Afghan Kebab House. A l'aparador, al costat dels quadrets amb les ressenyes dels crítics gastronòmics de les revistes, hi ha una nota enganxada amb cinta adhesiva on demanen comprensió: «Als nostres veïns. Companys novaiorquesos, i tots aquells que s'hagin vist afectats per la terrible tragèdia de l'atac al World Trade Center: sisplau, acceptin la nostra sincera condolença, de tot cor. Nosaltres també sentim el xoc emocional i l'horror d'aquests fets. Preguem per la pau. Signat: els empleats de l'Afghan Kebab. Que Déu beneeixi (Amèrica).» Això del parèntesi em resulta intrigant i no sé deduir si té algun sentit que se m'escapa. Una mica més amunt, al Kabul Café del carrer West 54 amb Broadway no hi ha cap nota de condol però sí tres banderes americanes: una a cada banda de la vela i l'altra a l'aparador, perquè quedi clar de quina part estan i ningú imagini el que no és.

La situació és així de delicada. Avui, als Estats Units, tenir trets àrabs, parlar àrab, portar turbant o barbes llargues i poc arreglades pot ser—segons amb qui et trobis—un problema. Després del que va passar el dimarts 11, a alguns estatunidencs els costa compendre que aquestes opcions indumentàries o de perruqueria no impliquen ser seguidor del talibà. El cas més desconcertant és el dels sikhs, que no són ni musulmans, per la qual cosa l'obsessió antimusulmana contra ells entra de ple en el surrealisme. Però l'error no es dóna només aquí. A mig món, molts ciutadans creuen que el sikhisme és una variant pintoresca de l'islam o de l'hinduisme, o una mescla de totes dues coses. Encara que la va fundar un hindú, és una religió monoteista que va per lliure. Actualment és la cinquena del món, després del cristianisme, l'islam, l'hinduisme i el budisme. Però el problema que tenen, avui als Estats Units, és d'indumentària i de perruqueria. Porten barba sense tallar perquè la religió els obliga a no rasurar-se, i els cabells els han de dur coberts, bé per un turbant, bé per un petit barret anomenat *patka*. I avui és com si el turbant fos una bandera a favor de Bin Laden. Als Estats Units ara hi deu haver cosa de cinc-cents mil sikhs, que han vist com aquests dies, en mig dels assalts i tirotejos contra mesquites i comerços àrabs, a ells també els ha tocat el rebre.

El cap de setmana va ser el moment culminant del vandalisme. A Califòrnia van assassinar un egipci al seu colmado. A Texas, a un paquistanès el van cosir a trets a la seva botiga. A Arizona, un home armat va entrar en una gasolinera Chevron i va descarregar la pistola contra el propietari, un sikh. Després se'n va anar a una altra gasolinera—en aquesta ocasió de la Mobil—i va matar el dependent, un libanès. Per acabar, se'n va anar a casa d'uns afganesos i va començar a disparar per la finestra. A Ohio i a Califòrnia van destrossar alguns temples sikhs. També a Califòrnia van tirar una bomba per la finestra d'una casa habitada per sikhs. La bomba va colpejar un nen al cap, però no va explotar. El cas més grotesc va tenir lloc a Oregon. En una àrea de servei d'una autopista, una dona de cinquanta-quatre anys va veure un sikh assegut. Plena de ràbia, se li va abraonar sobre el turbant i va començar a tibar-l'hi, per desfer-l'hi i treure-l'hi. La tele diu que l'han arrestada. Davant del caire que van prenent les coses, George W. Bush ha demanat calma i ha recordat que els àrabs americans són tan americans com qualsevol altre americà.

A Nova York hi ha diverses comunitats musulmanes. N'hi ha una a Queens, a Roosevelt Avenue. Una altra a Flushing, on hi ha la mesquita afganesa més important de la ciutat. Una mesquita que aquests dies és objecte de controvèrsia perquè el seu imam està radicalment en contra del talibà. De manera que, després de l'atac del dimarts 11, va col·locar banderes americanes als murs exteriors de la mesquita i va condemnar públicament la matança. I aquí comença el problema: la meitat dels fidels hi està d'acord, però l'altra—protalibà—ha decidit no tornar a la mesquita i celebra les oracions a l'aparcament. Una altra comunitat musulmana s'estén per Atlantic Avenue i un trosset de Court Street. És a Brooklyn, gairebé al centre, prop de Brooklyn Heights. Avui fa un dia gris, calorós i amb un plugim que al cap de poca estona de passejar es converteix en xàfec. La zona és plena de restaurants àrabs, indis i paquistanesos. En molts aparadors hi ha fulls amb una declaració de la mesquita Dawood—suposo que deu ser la de la zona—condemnant els atemptats «contra el poble innocent dels Estats Units», explicant que l'islam és una religió que no condona els atacs contra innocents, i demanant a tots els musulmans que (de la manera que puguin: donant diners, sang...) ajudin els americans damnificats per la catàstrofe. Els homes que entren i surten de la botiga miren amb recel, quan veuen que prenc nota del que hi ha escrit. Passa una nana que allarga la mà a tothom: «Shalam...»

Per variar, hi ha banderes americanes als aparadors de gairebé totes les botigues. I als aparells d'aire condicionat que descansen a les finestres. Però no tantes com en altres barris de la ciutat. Suposo que hi han col·locat les justes per tranquil·litzar els possibles vàndals, encara que no crec que, cas que vinguessin, els vàndals es tranquil·litzessin per unes banderes que considerarien de compromís. Pels carrers passeja poca gent, no tant per la pluja com perquè no és un barri gaire poblat. Hi ha camions que descarreguen davant de les botigues de menjar. Els botiguers expliquen que durant una setmana han estat bastant desproveïts. Hi ha bugaderies i agències de viatges, i botigues amb vestits de dona: llargs, de colors cridaners i floritures abarrocades. Hi ha pastisseries amb dolços d'ametlles, barberies i supermercats amb productes àrabs, catifes incloses. I botigues que barregen productes americans amb altres d'importació: cassoles de totes les mides, cuscusseres, teteres, cafeteres i mosaics. Els rètols exhibeixen noms com Tripoli, Morocco, Sahadi, Damascus, Hanshali, Yemen... Com que continua plovent, entro al Yemen i m'hi assec una estona. Demano un te. És molt ensucrat. L'amo del local és un home amable, però té poques ganes de xerrar. Explica que no ha passat res, que allà tothom es coneix i que els veïns no àrabs saben que són gent de pau, americans com ells. Li pregunto què opina del que expliquen els diaris i la tele. «Bé, són casos aïllats.»

Em cobra un dòlar pel te i se'n va ràpid cap a la cuina. Damunt d'una taula hi ha el *Daily News* del dia abans, que exhibeix a la portada, a tota plana, el nou «I love NY» de Milton Glaser, amb el cor cremat a la part sudoest. Al cap d'una estona, la pluja minva i me'n vaig. Tombo per Court Street i veig una botiga amb un gran rètol de plàstic a la façana: «Rashid. El més gran i més antic distribuïdor de música àrab d'Amèrica.» La botiga és tancada. No explica per què. Sobre la persiana metàl·lica, abaixada, algú hi ha col·locat unes flors i un text escrit amb ordinador. Pel que se'n dedueix, va dirigit als amos: «Sou veïns nostres. La vostra comunitat ens enriqueix de moltes maneres. Durant aquests dies difícils resem perquè Déu us protegeixi de qualsevol mal i mostri la seva bondat en vosaltres i en tots els amics àrabs americans. Tots som americans. Tots tenim amics que pateixen la tragèdia.» La nota va signada: «Els vostres veïns de Cobble Hill, amics en Crist.»

La Vanguardia, 22 setembre 2001

REALITAT I FICCIÓ A MANHATTAN

Hi ha qui diu que molts novaiorquesos encara no s'atreveixen a riure, a divertir-se, a anar al teatre, a sortir a sopar, però jo diria que la situació ja ha començat a canviar. Des de dijous al vespre, barres de bar en què fins aleshores podies escollir on col·locar-te tornen a ser plenes a vessar d'homes i dones que riuen, fan broma i no paren de pendre copes. Com cada cap de setmana, tret del passat.

La ciutat recupera el seu ritme, però, per bona part de la indústria de l'espectacle, la normalitat completa arribarà massa tard i hi haurà perdut milions. A les façanes d'alguns edificis hi ha grans cartells que anuncien una minisèrie televisiva, *Law and order*, que preveien estrenar d'aquí a poc, i que potser no s'estreni mai perquè va d'un atac (de guerra biològica) contra Nova York. És fàcil imaginar l'impacte que, tal com està ara la sensibilitat en aquesta illa, suposaria veure una sèrie on Manhattan apareix bombardejada per virus assassins o alguna cosa similar. Allò d'Arnold Schwarzenegger és més conegut. Ja fa una setmana que va donar la volta al món la notícia que difícilment s'estrenarà la seva última pel·lícula, *Collateral damage*, que va d'un bomber decidit a fer justícia després que la seva família hagi mort en un atac terrorista. Imagineu's-e: un bomber—amb la quantitat de bombers morts que hi ha hagut en les feines de rescat de víctimes al World Trade Center—i un atac terrorista. Mai un títol no va ser tan justificat, perquè els «danys col·laterals» els ha rebut el mateix film, els productors del qual se l'hauran de menjar de moment amb patates. I encara hi ha qui diu que la realitat supera sempre la ficció. Els convindria revisar la frase i convertir-la, durant una indefinida temporada, en, per exemple: la ficció s'avança sempre a la realitat.

Moltes obres de teatre han hagut de baixar el teló. Hi ha qui diu que la culpa és dels mateixos novaiorquesos, que encara no van al teatre amb la freqüència d'abans. Però altres culpen de la crisi al descens de turistes, i la prova és que als hotels hi ha moltes habitacions desocupades i els autobusos de Sightseeing New York—l'autobús turístic d'aquí—han circulat buits durant molts dies. La fugida de turistes, sobretot americans, és un cop per aquesta indústria, i pels molts restaurants (de Times Square, Broadway i zones dels voltants) que en viuen bàsicament. Per falta de públic, avui diumenge estan previstes les últimes representacions de *Kiss me, Kate*, *Chicago*, *If you ever leave me...*, *The Rocky Horror Show*, *Stones in his pockets* i *A thousand clowns*, protagonitzada ni més ni menys que per Tom Selleck, encara que sense camisa hawaiana. També diuen que *Les misérables*, *Phantom of the opera* i *Rent* estan a punt de tancar. Obres que haurien d'estrenar-se aviat, com *By Jeeves*, o *Assassins* de Stephen Sondheim, de moment han decidit no fer-ho. Des de l'atac, només una obra—*Urinetown*—s'ha atrevit a estrenar, abans d'ahir al vespre.

Però, més tard o més d'hora, els turistes tornaran i Broadway serà una altra vegada la mina de què molts viuen. Tants en viuen que, davant de la crisi, el mateix alcalde Rudolph W. Giuliani ha demanat als americans: «Als qui, a qualsevol part del país, vulguin ajudar-nos, els explicaré una gran manera de fer-ho: vinguin i gastin diners, vagin a un restaurant, vegin una obra de teatre. La vida de la ciutat continua.» Per acabar de tranquil·litzar consciències i convèncer la gent que divertir-se no és cap ofensa pels que han mort al World Trade Center, l'associació de teatres de Broadway explica que, per cada entrada de teatre comprada, cinc dòlars aniran a parar a la Fundació Torres Bessones, que patrocina l'alcalde Giuliani. La coartada benèfica hauria d'aclarir qualsevol dubte que en quedés. El final de l'anunci promocional no pot ser més explícit: «Que continuï l'espectacle.»

La crisi que senten els novel·listes americans sembla ser d'una altra mena, no tan monetària com la dels teatres. És més aviat de dubtes sobre el valor de les històries que cadascun inventa. *The New York Times* recull les opinions de John Updike, que està escrivint una novel·la sobre el món de l'art i explica que, quan es va assabentar de l'atac, de sobte, tant la novel·la com el tema de què tracta li van semblar trivials. «Però aleshores», explica l'entrevistador, «es va adonar que continuar escrivint era el seu únic refugi. Allà sí que s'hi podia perdre. I, a més, com que es tracta d'un novel·lista, el senyor Updike va dir: "És la meva contribució a l'ordre civil".» Més sobri, menys grandiloqüent, Stephen King opina que la literatura no té cap missió redemptora ni curativa, i que el mateix 11 de setembre al matí, després de veure els avions xocant contra el World Trade Center, va asseure's a l'estudi, es va posar taps d'escuma a les orelles per no sentir la televisió en què la seva dona seguia el desenvolupament dels fets i va continuar escrivint. «No perquè vulgui contribuir a res, però si tothom continua treballant, ells no guanyen.»

Per la seva banda, els crítics i els artistes plàstics fa dies que es pregunten com serà des d'ara l'art, després del que ha passat. Vist des d'una certa perspectiva, és un debat peregrí, perquè sembla absurd pretendre que hi haurà un abans i un després de l'11 de setembre del 2001, per molts morts que s'hagin de lamentar. Però ja se sap que els teòrics de l'art—i des de fa dècades ja no se sap si són més teòrics els crítics o els artistes—van a la seva; i la seva, ara i aquí, és pretendre que l'atac ha de tenir conseqüències radicals en la vida cultural. Alguns crítics opinen que l'estil memorial—fotos, espelmes enceses i rams de flors, que es veuen aquests dies a places, portes d'hospitals i quarters de bombers—influirà decisivament en les escultures, instal·lacions i performances dels pròxims anys. Els memorials són una mena d'expressió artística, popular i kitsch, que es va començar a popularitzar amb la guerra del Vietnam, va continuar amb els memorials pels morts de sida i va enllaçar amb els que, a Europa (a Londres i París, sobretot), es van fer arran de la mort de Lady Di.

De moment, per demostrar que la ficció s'avança sempre a la realitat, hi ha una interessant exposició a la part més a l'oest de Chelsea. És una zona, més enllà de la Desena Avinguda, de grans magatzems, amb camions que carreguen i descarreguen sense parar. En una paret algú ha enganxat un cartell: «Si lluito a la vostra guerra, ¿em donareu assistència mèdica?» Ho firma: «Un artista de Nova York». La zona és prou desolada, com des de fa dècades agrada als artistes. Hi ha molts tallers mecànics i un antic edifici d'ús industrial, el 526 del carrer West 26, convertit en centre d'art. L'edifici té deu plantes i un munt de galeries. L'ascensor és antic, d'aquells amb porta de ballesta i ascensorista amb cara de pocs amics.

Al segon pis, a l'espai 213, hi ha la galeria Nicole

Klagsbrun. Hi exposa Nancy Davenport. És una sala àmplia, blanca, amb llum. A les parets hi ha fotos manipulades. Per separat, l'autora va fotografiar figures de persones i edificis, i després les va combinar digitalment, afegint-hi en alguns casos efectes d'explosions. En una foto es veu un edifici, que podria ser novaiorquès, envoltat pel fum de l'explosió d'un míssil, mentre un altre míssil (que per la forma, i borrós com se'l veu, podria ser un avió) s'acosta per fer-hi un nou impacte. Una altra foto: un avió s'acosta a un edifici i, des d'una mena de terrassa, un home li dispara amb un revòlver.

Que ningú no pensi en cap sèrie creada a partir del que ha passat al World Trade Center. L'exposició es va inaugurar cinc dies abans de l'atac. Allò que era una reflexió sobre l'ocàs de les ideologies, la realitat i el paper de la fotografia en un món on la manipulació digital ho permet gairebé tot, s'ha convertit en una cosa semblant a un petit escàndol. Les fotos es venen a dos mil cinc-cents, mil vuit-cents, dos mil i dos mil dos-cents dòlars. Almenys de moment, les vendes no han estat res de l'altre món. Només al costat d'una de les fotos hi ha el cerclet vermell que indica que està venuda. La galerista i la fotògrafa van dubtar, dimarts 11, si tancar l'exposició. Van decidir mantenir-la oberta.

—Seria una pena tancar-la. És una gran exposició, llàstima de les circumstàncies, de la coincidència terrible...—explica una de les noies que atén els compradors. Però per curar-se en salut han retirat de la paret una foto; només una. Al catàleg sí que hi és. S'hi veu un home que s'ha tirat des d'una finestra i va caient al buit, en paral·lel a l'edifici.

La Vanguardia, 23 setembre 2001

TEMPORADA DE CARBASSES

Vaig al metro assegut i observant un anunci que hi ha a la paret de davant: «És la temporada d'huracans a Nova York. Per preparar-se contra els huracans i les inundacions, visiti'ns online o reculli un fulletó a la biblioteca pública del seu barri.» Ho firma el govern de la ciutat, i el nom de l'alcalde, Rudolph W. Giuliani, hi apareix ben gros. L'anunci du com a il·lustració la foto d'un mercat inundat, amb la següent explicació irònica: «24 de novembre de 1950. Aquell dia el peix del mercat de Fulton va ser especialment fresc.»

Mentre penso en el paral·lelisme que podria establir-se entre un huracà i un atac aeri i les conseqüències de cadascun, se m'asseu al costat un home corpulent, d'uns trenta-tants o quaranta anys, amb braços com columnes: tot múscul. Du un tatuatge al bíceps esquerre. Com que de cua d'ull veig que observa la llibreta on prenc notes, giro la vista cap a ell i aleshores aparta els ulls i s'excusa:

—Eh, que no estava mirant—diu.

—No, si no importa—li dic. És veritat: tant se val que miri perquè escric amb una lletra que de vegades ni jo mateix no entenc.

—¿D'on és vostè? ¿Italià?

Li dic que de Barcelona.

—Ah, Barcelona!

Al cap de pocs segons ja estem parlant de l'atac. És a dir, parla ell:

—Quan el segon avió va xocar, jo era en un metro, al túnel, just a sota del World Trade Center. Déu misericordiós va voler que les coses anessin així. El segon avió va xocar i jo era a sota. Si arribo a agafar un altre metro, més tard, ara seria mort, perquè quan van caure les torres, el túnel es va ensorrar. En canvi, aquests altres túnels pels que passem ara van resistir. —Miro per la finestra. Passem per Canal Street sense aturar-nos. —Van construir aquests túnels als anys vint i trenta, però resisteixen perquè els van fer a consciència. No hi ha qui els destrueixi. ¿Per què? Perquè la gent s'hi deixava la vida, a la feina, en aquella època, i ara ja no, i perquè som sobre una roca. ¿Sap que sota uns pocs metres de terra, ja tot és roca a Manhattan? N'hi ha prou de col·locar bé el formigó per obtenir uns ciments indestructibles. Aquesta és terra ferma. —De sobte calla i em mira—. Això que fa vostè amb els ulls, ¿és un tic?— Li dic que sí. —Jo porto ambulàncies—em diu, i perquè vegi que no menteix treu la cartera de la butxaca i, d'ella, una targeta que l'identifica com a conductor d'ambulàncies, amb la foto i el nom: Gerald E. Mattehew—. Mattehew és un cognom anglès.

¿Sap què vull? Venjança. Ens venjarem. No m'agrada matar, però... ens venjarem. Si jo hagués estat en algun d'aquests avions l'hauria estavellat contra terra, en pot estar segur. S'haurien perdut les vides d'unes dotzenes de persones, les de l'avió, però n'hauríem salvat milers. A mi no m'importa morir. Estaria orgullós de donar la vida per aquest país. Cap dubte sobre això. Matar, cos a cos, no és difícil, encara que ells tinguin navalles i cúters. Jo vaig ser a Panamà. Vaig ser marine durant anys, fins en fa catorze. I sé que a un home se'l pot matar d'un simple cop. Només cal agafar-li el crani amb una mà, la barbeta amb l'altra i torçar-li el cap d'un cop sec. —Amb els compactes braços estesos, simula el gest amb les mans i pronuncia el soroll resultant: «crac». Els viatgers que hi ha asseguts davant nostre ens miren dissimuladament. —És fàcil. També és fàcil tallar els ulls d'una persona, tots dos ulls. —Fa un gest horitzontal amb la mà. —I no cal ganivet. Qualsevol cosa amb caire serveix, perquè els ulls són molt fràgils i un es queda cec de seguida. Tot això ho aprens quan t'ensinistren. I, un cop te n'has alliberat, pilotar un avió és fàcil, si ja és a l'aire. —I em dóna explicacions detallades (que no aconsegueixo retenir) sobre com utilitzar el pedal, els comandaments: ara una mica a la dreta..., ara una mica a l'esquerra... Té els ulls claríssims i tristos, i la mirada vagament perduda. —Déu sap que no m'agrada matar, però... Aquest home ha de morir. No res de viu o mort: mort!, cap dubte sobre això. ¿Sap que és multimilionari?—Li dic que sí. —El seu germà té sis condominis a Boston. Sis condominis! És d'on sortien els diners per entrenar aquests assassins. ¿Sap quant costa un curs de pilotar avions? I calen dos anys d'entrenament. Anem a la guerra. No sé què estem esperant. Els nois de divuit o dinou anys ja poden anar tremolant, perquè anirem a la guerra. Poden anar tremolant o, pel contrari, si són patriotes, esperar amb il·lusió el moment del combat, i anar a guanyar. És el que jo faria. Si jo tingués una altra vegada divuit anys ja estaria preparat, esperant l'ordre.

Quan arribem a la meva estació m'aixeco. I quan m'allarga la mà li veig, en l'avantbraç dret, dues cicatrius en diagonal, com d'un pam de llargues, amples i marronoses.

Per la Sisena Avinguda passa una enorme furgoneta blanca amb el cartell «Iglesia sobre ruedas». En un dels costats es pot llegir: «Si no puede ir a la iglesia, la iglesia viene a usted. Venga, pida la oración: Cristo es la solución. ¿Enfermedades? ¿Sin trabajo? ¿Problemas familiares? ¿Desamparado sin hogar? No importa su denominación: todos son bienvenidos.» Davant de Macy's hi ha unes galeries que no havia vist mai, Manhattan Mall. Al davant, un home aixeca una pancarta on es llegeix: «Escriptor professional de llibres. Es lloga. Tesis i papers professionals.» Deu tenir uns cinquanta anys, és calb, porta ulleres gruixudes i barba retallada. Em recorda John Barth quan en tenia quaranta i tants. A prop d'ell, a les voreres s'arraïma un exèrcit de venedors cridaners, situats darrere de paradetes fetes amb caixes de cartró. Venen de tot. Rellotges, telèfons de fireta, fotos de les torres bessones amb marcs de fusta, postals de les torres bessones, bosses, anells, cadenetes pel coll, banderes, llibres, videocassets. Els crits de «One dollar! One dollar! I don't believe it myself!» es barregen amb els de «¡Cinco pesos! ¡*Movies*! ¡Cinco pesos!» La cridòria és ensordidora. Són les cinc de la tarda—hora de sortir de la feina—i constantment arriben nous venedors, amb paraigües amb la bandera, insígnies amb la bandera, més rellotges, braçalets, més fotos de les Torres Bessones...

De sobte un brunzit llunyà. Aixeco el cap i veig un avió que travessa el cel de Nova York. Observo si algú altre aixeca el cap amb prevenció. Però no, ningú no en fa el mínim cas. Pel carrer passa un taxi que, a la finestreta dreta, porta un paper on es pot llegir: «Trajecte gratis al banc de sang». És estrany que encara hi hagi taxistes que ofereixin trajectes gratis als donants de sang, perquè la quantitat de sang donada fins al moment és tal que, als grans panells lluminosos de la zona de Times Square que exhibien la bandera americana i la frase «Doneu sang», hi han deixat la bandera però n'han esborrat la frase.

I aleshores veig una botiga de postals de la cadena Hallmark, amb l'aparador ple de carbasses. Ja fa dies que veig carbasses de halloween a molts aparadors de Manhattan. De papereries, de botigues de regals... I, més avall, al mercat de flors de Chelsea, a la Sisena Avinguda, també hi ha carbasses: grosses, sòlides, rugoses, a punt perquè pares i fills hi foradin un parell d'ulls i una boca. A les botigues d'estris de cuina ja han col·locat en primer pla els blísters amb jocs de ganivets i burins especials per això. I la casa Lenox—porcellanes de Pensilvània—ofereix carbasses blanques, pintades en or de vint-i-quatre quirats. En aquest aparador de Hallmark, a la planta baixa del Manhattan Mall, hi ha grans pòsters on es llegeix: «Halloween és dimecres 31 d'octubre!» I carbasses de pelfa, de peluix i de plàstic, grans i petites. I cases de terror amb moltes carbassetes dins. I carbasses de paper, retallables. I mòbils per penjar del sostre, en forma de carbassa amb ulls i somriure zigzaguejant. I tasses pel cafè o la llet en forma de carbassa, amb els ulls i la boca pintats de negre. I llums de halloween per col·locar a la tauleta. I petites carbasses per penjar al retrovisor del cotxe, i carbassetes adhesives, i tovallons de paper en forma de carbassa, per les festes d'aquella nit.

I és que halloween ja està per caure: d'aquí a poc més d'un mes, i un mes passa de seguida. Serà el dimecres 31 d'octubre, hauran passat cinquanta-un dies des de l'atac i, no sé per què, m'ensumo que serà un halloween que se celebrarà fins i tot amb més fervor del que és habitual. Durant una nit, la por tornarà a ser infantil, una por de per riure, cosa de bruixes i fantasmes i rates pinyades, d'anar per casa espantant la família i després ficar-se al llit, feliç, i acotxar-se amb les mantes i el llençol, fins als ulls.

La Vanguardia, 24 setembre 2001

DUES CIUTATS D'ISRAEL

«¿QUÈ ÉS EL QUE EL PORTA A ISRAEL?»

La primera impressió d'Israel ja la tens a Barcelona. Els controls de seguretat d'El Al, abans d'embarcar, són espectaculars. Hi has d'arribar dues o tres hores abans, per donar temps que escrutin tot el que hagi de ser escrutat. Diuen que El Al és la companyia aèria més segura del món, i m'ho crec. L'interrogatori a què et sotmeten és exhaustiu. Davant dels taulells de facturació d'equipatges hi ha una zona delimitada. Quan et veu arribar, un home et pregunta com et dius, comprova que estiguis a la llista de passatgers i crida un altre home, subordinat, que se situa davant teu, i entre tu i ell col·loca un faristol portàtil, dels molts que hi ha, tots negres. Comença per informar-te que és membre del servei de seguretat d'El Al i tot seguit inicia una pluja de preguntes: «¿Què és el que el porta a Israel?», «¿No li fa por viatjar a Israel?», «¿Du alguna carta que demostri que escriu pel diari que diu?», «¿Col·labora en altres diaris?», «¿Sobre què pensa escriure?», «¿Li han donat els seus caps una ruta indicant-li els llocs que ha de visitar i sobre els quals ha de parlar?», «L'ordinador ¿és seu?», «¿Quan li van donar l'ordinador?», «¿Qui li va donar?», «¿Du a la maleta algun article seu, publicat, per poder comprovar el que diu?», «¿Quins dies publica?», «¿De què escriu, normalment?», ¿Hi ha algun antic article seu a l'ordinador?», ¿Algú li ha donat cap objecte per lliurar a algú a Israel?», «¿Qui li ha preparat l'equipatge?», «¿Quan l'ha preparat?», «¿Aquest matí? Des d'aquest matí fins ara, ¿algú li ha pogut introduir cap objecte a l'equipatge sense vostè saber-ho? Comprengui que li faci aquests preguntes perquè, en el passat, sovint persones innocents han estat utilitzades per portar, sense elles saber-ho, una bomba a l'equipatge.»

L'interrogatori és seriós i en algun moment penso que és com un concurs de televisió, que si fallo, si contesto malament alguna de les preguntes, sonarà una campana i em diran que em quedi a Barcelona i m'oblidi de volar a Israel. Qui pregunta és un home jove, d'ulls àgils, que parla espanyol amb accent argentí. Li pregunto d'on és. Em diu que va néixer a Buenos Aires i, amb el meu passaport a la mà, continua preguntant: «Llavors, Joaquim, ¿per què les inicials que hi ha a la maleta no coincideixen amb les seves?» Li dic que són les inicials del meu fill, que va estrenar la maleta fa tres o quatre anys i allà es van quedar. «Llavors, és una maleta de la família, diguem-ne. ¿Porta alguna foto del seu fill?» Li dic que no i començo a pensar què contestaré quan em pregunti perquè no porto cap foto del meu fill, però no ho fa. I aleshores em diu: «Disculpi si el que ara li preguntaré el molesta, però, aquests gestos que fa vostè amb la cara ¿és una cosa que fa habitualment o són conseqüència que les preguntes que li estic fent el posen nerviós?» Li contesto que els faig sempre, inevitablement, que es tracta d'una síndrome, la síndrome de La Tourette, i que de cap manera són resultat de les preguntes que em fa. «¿Té aquesta síndrome des de sempre?» Li explico que se'm va declarar als deu anys, coincidint amb l'examen d'ingrés de batxillerat. «¿Coneix algú a Israel?» Li dic que no, que fa un parell de dies vaig parlar per telèfon amb Henrique Cymerman, el corresponsal de *La Vanguardia*, però que, personalment, no el conec. «¿Va parlar amb ell? ¿Du el seu número de telèfon?» Li dic que sí i l'hi mostro. «¿Coneix algú més a Israel?» Li dic que no. «¿De què escriurà?» Ja m'ho ha preguntat abans, i li contesto que no ho sé: «De la gent, de la vida quotidiana a Jerusalem, a Tel Aviv...» «¿Pensa entrar a Palestina?» Li contesto que no, sobretot perquè, segons sembla, no s'hi pot entrar. «¿Coneix algú al Líban, Síria, Jordània, Iraq, Iran, Egipte, Líbia, Algèria, Marroc?» Recita els noms dels països d'una tirada, com una cançó repetida centenars de vegades. «¿Té cap vinculació amb el món àrab?» Li dic que no i, com que m'adono que amb aquesta resposta no en té prou, afegeixo: «La meva màxima vinculació amb el món àrab és l'afició que tinc a anar a menjar sovint a un restaurant libanès de Barcelona que m'encanta, el Karakala, a Gràcia.» Aleshores somriu. Acabat el bombardeig de preguntes resulta cordial, i al final m'encaixa la mà amb fermesa i mirant-me als ulls: «Espero llegir amb goig el que escrigui.» «I a nosaltres, deixi'ns bé!», afegeix un company seu.

O sigui: res a veure amb l'antipatia descarada de molts dels funcionaris d'immigració que trobes quan arribes als Estats Units. Em retornen el passaport, el bitllet d'avió, les reserves d'hotel. Al nostre voltant s'arraïmen famílies. La majoria parla en hebreu. En canvi, els que em precedeixen en el camí cap a l'avió parlen en rus (els grans) i en hebreu (els nens). ¿Qui viatja a Israel en aquests temps? Doncs suposo que bàsicament israelians. No es detecta en tot l'avió ningú a qui es pugui pendre per turista. Les cares són rialleres. Ningú diria que tornen a un país en un estat quasi de guerra. Suposo que, vivint sempre així, en aquesta tensió permanent, un acaba per acostumar-s'hi. A l'altre costat del passadís, una noia fa malabarismes amb una pilota lila. La manté al dors de la mà i, de sobte, la gira i li queda al palmell. Després la llança enlaire. Al cap de poca estona, guarda la pilota, treu una llibreta i comença a dibuixar unes lletres grans (i tipogràficament equilibrades) que al final conformen la paraula «Thailand». Per què Tailàndia i per què en anglès, no ho sé. ¿És el país dels seus somnis, el destí de les seves pròximes vacances? Un home de mitjana estatura i bigoti imponent exhibeix un pin del Fc Barcelona a la solapa. Un record de les vacances, m'explica, també amb accent argentí. Parlem quatre coses del Barça, de les ciutats espanyoles que ha visitat, i al cap de poc m'explica la seva visió de la jugada. «Som un país molt petitó, més petit que Catalunya, i estem voltats per una immensitat de països àrabs...» Creu que els països àrabs no es comporten amb els palestins com haurien de comportar-se, que els tracten com a ciutadans de segona categoria. «Israel havia estat sempre un mosaic equilibrat. Abans vivíem tots junts, sense problemes, àrabs i jueus, tots ciutadans israelians...» M'explica que ell no està en absolut d'acord amb la política de Sharon cap als palestins i que no s'ha d'acabar amb Arafat. «És el seu president.» Però tampoc està d'acord amb moltes altres coses. Amb el tracte que la premsa espanyola dóna a Israel, per exemple. «I no només la premsa espanyola. En general la premsa internacional és partidista en aquesta disputa...»

Els passatgers devoren amb avidesa els diaris israelians que el personal de vol ha distribuït. El que predomina són fotos de soldats entrant a les ciutats palestines ocupades. Hi ha un acudit gràfic on es veu Arafat amb cara de babau amagant-se darrere d'una creu, suposo que en al·lusió als palestins refugiats a l'església de la Nativitat de Betlem. Inevitablement, en un suplement en color hi ha un reportatge sobre Antoni Gaudí. Quan ja fa estona que volem i el senyal de «Fasten your seats belts» s'apaga, com impel·lits per un ressort molts passatgers s'aixequen immediatament. Alguns van al lavabo, però altres van cap a altres seients i es posen a xerrar. Un home que viatja a primera classe ve a classe turista amb un nen en braços cobert amb una manta. Per compensar, un nen de classe turista aparta les cortines de primera classe i corre amunt i avall del passadís. En un determinat moment, es reuneixen set dones a les dues primeres files de la classe turista i parlen i parlen, sense parar i totes alhora. Parlen en rus, i algunes d'elles no es mouen del mig del passadís encara que hi passi el carretó de les begudes i el menjar. Mentrestant, per les pantalles veiem anuncis de Caesarea, un paradís amb casetes adossades, a tocar de la platja, amb totes les comoditats i unes escoles on els nens reben una educació especial; d'elit, diuen els subtítols en anglès. El meu veí de seient m'explica que a Caesarea hi ha l'únic camp de golf d'Israel.

Aterrem a mitjanit. A fora de l'aeroport hi ha quioscos on una senyora adjudica taxi a cada passatger que en vol un. Al taxi que em toca oneja una gran bandera israeliana. A molts altres cotxes onegen també banderes. I dues en cada fanal que hi ha al llarg de la carretera que du de Tel Aviv a Jerusalem. El taxista és un home de cabells blancs, arrissats i abundants, que amb prou feines sap quatre paraules d'anglès. Amb qui li truca al mòbil parla en rus. A la ràdio sona un max mix de deu anys enrere, a una potència tal que el taxi sembla una discoteca sobre rodes. A banda i banda de carretera, a part de la resplendor dels pobles i les ciutats que anem passant, hi ha una cosa que no havia vist mai en cap altre lloc del món: projectors de llum que il·luminen els boscos (igual que habitualment s'il·luminen els monuments) i donen als arbres un aspecte fantasmagòric, de conte de fades. Només falten Hansel i Gretel, la caseta de xocolata i la bruixa malvada.

La Vanguardia, 6 abril 2002

LES PARAULES DE DAVID

Ni la Ciutadella de Jerusalem se salva de les elucubracions artístiques. Per les parets del Museu de la Torre de David s'encimbellen, aquests dies, unes figures, com maniquins, de color blau. Com si haguessin tenyit uns quants d'aquests ninots de proves de xoc que surten als anuncis d'automòbils i els haguessin convertit en escaladors. L'experiència es titula «Més enllà del blau» i la firma Ofra Zimbalista, que presenta l'experiència com «Un homenatge al blau. Exhibició d'escultures i imatges computeritzades al pati del Museu de la Torre de David». Però abans d'accedir a l'exposició s'ha de passar un control de policia al Portal de Jaffa, el que dóna accés a la Ciutat Vella des de l'oest. Policies amb metralladores penjant del coll revisen tothom que hi entra, sigui en cotxe o a peu. A tota la ciutat trobes, a cada encreuament important, soldats i policies—homes i dones—amb metralletes a la mà. Per amenitzar l'espera, n'hi ha un que fa servir la culata per repicar amb els dits una melodia.

A la Ciutat Vella impera la llei del soc i el regateig, això que tant agrada als turistes amants dels basars del Mediterrani sud. De seguida que m'aturo a mirar un cartell, s'acosta immediatament un home que m'explica que és guia turístic, «l'únic guia turístic oficial de Jerusalem», i m'assenyala una insígnia que porta a la solapa, una insígnia que pels meus ulls llecs tant podria ser de guia oficial com de membre d'honor d'una banda de música. Però ell continua assenyalant-la mentre m'explica que em pot ensenyar tota la Ciutat Vella, en detall, amb tots els llocs sagrats, siguin jueus, cristians o musulmans. I també la ciutat no vella, Israel sencer, fins el llac Tiberíades, si ho vull. Com que li dic que m'estimo més anar a la meva, em diu que d'acord però que ell m'ensenyaria tots els llocs sagrats, i jo sol no aconseguiré veure'ls tots. Li dic que no, li dono les gràcies i aleshores m'allarga la targeta: «Awni Constantini, Official Tourist Guide» i, a sota, el número de telèfon, l'apartat postal i un altre número de telèfon per urgències. Imprimir targetes de visita deu ser, a Jerusalem, un negoci rodó. Tothom insisteix en donar-te la seva. Tots els botiguers del carreró David t'inviten que vegis la botiga. «Have a look! Just a look! You don't need to buy!» Remarquen que només volen mostrar-te casa seva, el que tenen, però, si poses un peu dins, al cap de deu segons ja estan intentant vendre't el que sigui: un canelobre de set braços, una imatge de la Mare de Déu o un joc d'escacs. Suposo que, per tenir una idea de la fe religiosa que professes, de seguida et pregunten d'on ets. La resposta «De Barcelona» provoca grans exclamacions de: «Oh, amic! El meu amic!», i referències al Fc Barcelona, «un gran equip de futbol, el millor!», de la qual cosa es dedueix que no estan gaire al cas de la situació del Barça de Reixach.

Davant de la Ciutadella, a la cantonada amb el carrer del Patriarcat Llatí, hi ha una botiga de joieria i souvenirs regentada per dos armenis, el David i el John, que insisteixen a invitar-me a cafè o a te, en l'habitual estratagema d'amabilitat prèvia a llançar-se sobre la teva targeta de crèdit. El David sembla el germà gran, el que porta camisa, corbata i el control de la botiga. El John va amb samarreta, entra i surt, porta el te, està a l'aguait dels possibles clients al carrer. El David m'explica que són temps horribles, que mai havien estat tan malament, que la primera intifada no va ser tan dolenta com aquesta segona. «Aleshores no va ser una guerra, però ara sí. ¿Com, si no guerra, es pot anomenar el que estan fent a Betlem? Bombardejar, això és una guerra. I per nosaltres és la ruïna. Fa dues setmanes que no tenim ni un client. I d'aquesta botiga en viuen set famílies, entre nosaltres i els artesans armenis que ens confeccionen les joies a Betlem. També teníem una botigueta a Betlem, però l'hem hagut de tancar. Abans hi havia munts de turistes, un milió i mig l'any en els millors temps, una xifra que per un país petit com Israel és moltíssim. Espanya, que és molt més gran, rep catorze milions de turistes l'any ¿no és així?» Li dic que no ho sé. Em dóna per inútil i continua: «Aquí no tenim petroli ni or. Només tenim turisme. Les tres grans religions tenen aquí els seus llocs sants, i els creients ja no vénen. Aquest any, per Pasqua no han vingut grecs. Abans, per Pasqua, venien moltíssims grecs. Tampoc no han vingut jueus. Ni cristians. ¿Com han de venir si estan atacant Betlem? Betlem, el lloc més important del cristianisme! Nosaltres, els armenis, som cristians, ¿ho sabia?» Li dic que sí, que van ser el primer Estat que va reconèixer el cristianisme com la seva religió i que habiten a Jerusalem des d'abans de l'època bizantina. Em mira sorprès i jo callo que m'he passat les cinc hores d'avió llegint guies sobre la ciutat.

El David prossegueix: «Molts cristians se n'estan anant d'Israel. Cada cop n'hi ha menys. Aviat, en aquest país només quedaran jueus i musulmans. ¿S'imagina Jerusalem sense un dels tres grups que la constitueixen des de fa segles? I Europa, ¿què fa? No res! I el Papa, ¿què fa el Papa? No res! Deixar que un sol país, els Estats Units, controli el món. Fixi's en l'actitud d'Anglaterra, el gos falder dels Estats Units.» El seu germà entra i surt de la botiga. Intercanvien paraules. «Europa i els països àrabs no fan res. Asseure's i mirar la tele, això és el que fan. Betlem, el lloc cristià més important del món i s'estan amb les mans plegades! És el lloc on va néixer

Jesús. Les esglésies han estat sempre llocs on els perseguits busquen refugi, com els palestins aquests dies a l'església de la Nativitat. ¿Per què bombardegen l'església de la Nativitat? ¿Quan despertarà Europa? Els patriarques grec, llatí i armeni van ser a Betlem i van dir a l'exèrcit israelià: entrarem a l'església i, si tenen armes com dieu, les recollirem i us les donarem. Però no els han deixat entrar. Ni als patriarques ni als periodistes. No deixen entrar ningú. No volen càmeres de televisió, perquè no es vegi el que està passant. Vivim al segle XXI i no a la jungla! La pau... Quan cada família perd un fill ¿com hi pot haver pau? ¿Va veure aquella dona a Betlem, morta, que es va passar divuit hores sense ser atesa, i allà s'hi va estar, cadàver, al costat del seu fill? Que es va haver d'emportar les dues filles a l'altra habitació, perquè no veiessin l'àvia morta... Es van preocupar molt pels budes que els talibans van destruir a l'Afganistan. Pobres budes, quin atemptat a la cultura! En canvi, per l'estàtua de la Mare de Déu que han destruït a Betlem no se'n preocupen en absolut.»

Li pregunto si de debò l'han destruït. «Bé, almenys l'han cosit a trets. ¿Sap què? Jo tinc una família per mantenir, i un lloguer per pagar. ¿Com m'ho faré sense turistes? Però aleshores miro els palestins i penso que la meva vida, amb totes les dificultats per les quals passo, és millor que la d'ells. Ells no tenen ni aigua ni llum... No hi ha cap país al món que estigui ocupat, excepte Terra Santa. ¿Qui és Israel per dir-los que han de canviar de president? ¿Quin país té el president a la presó? El que volen és demostrar que poden aixafar el president Arafat.» I belluga el peu contra terra, escenificant la polvorització. «Israel vol que hi hagi una guerra civil entre palestins. Que es barallin entre ells. Hamàs contra els altres, i els altres contra els de més enllà. Això és el que volen, ells i els americans. I ara parlen d'atacar l'Iraq. Potser l'ataquin. Però no acabaran amb Saddam. L'únic que faran serà una matança d'iraquians. Fa dos mesos, Saddam va celebrar l'aniversari d'una de les seves filles i es va gastar milions, mentre els iraquians moren de fam. El que volem no és llençar els israelians al mar sinó que hi hagi dos Estats: Israel i Palestina.» Quan faig un gest per anar-me'n, tots dos germans es col·loquen rere el taulell de vidre i a crits m'expliquen que sóc un gran amic seu i que els he d'ajudar. ¿Com? Comprant alguna cosa. «¿Unes arracades? ¿Un collar? ¿Té filles? ¿Dona?» M'ensenyen creus de Jerusalem, imatges de Crist, de Maria, estrelles de David... I si no sóc religiós tenen collars i arracades d'una pedra verda o blavosa que només es troba a Israel. «Si compra les arracades li regalem el collar.» Al cap de vint segons, el preu inicial ha baixat a un terç. Insisteixen i insisteixen: «Set famílies armènies depenen de nosaltres i fa dos mesos que no entra ni un turista. Ens ha d'ajudar!»

Dues cantonades més avall un altre botiguer em pregunta d'on sóc. Per veure què passa, li dic que de Madrid i, aleshores, exclama: «Oh, amic! Amic meu! Una ciutat preciosa, Madrid. I un gran equip de futbol, el millor!» Em vol portar a la botiga, per ensenyar-me-la i donar-me la targeta. Quan li dic que no, que estic cansat que tots m'ensenyin les botigues, em mira seriosament i em diu: «¿Sap què és patir? ¿Sap què és no vendre res perquè no hi ha turistes?» Estic a punt de dir-li que sí, que m'ho ha explicat el de la cantonada, però per comptes d'això li dic que potser demà hi vagi. «¿Demà? ¿Segur?» Li dic que potser sí. «Molt bé. Aleshores, l'espero demà!»

La Vanguardia, 7 abril 2002

TOTHOM SOSPITÓS

M'allotjo a l'hotel Palatin, al carrer Agrippas, just al costat del carrer King George V. És un hotel diguem-ne discret i amb alguns detalls curiosos. El dia que hi vaig arribar m'hi vaig trobar unes calces—tipus tanga—de blonda blanca i negra, al prestatge que, a falta d'armari, en fa la funció. I al televisor, al canal 39—més enllà de la zona dels canals que en tots els televisors d'hotel queden en blanc, no connectats a cap emissió—hi ha una cadena que emet fragments de pel·lícules porno. Algunes són actuals, amb piercings a la llengua i coses així. Però altres són dels vuitanta, bastant descolorides, i hi surten Ron Jeremy i Peter North en persona, quan encara eren joves i, sobretot en el primer cas, gens panxuts. L'hotel és al centre de la ciutat, la zona de Jerusalem més matxucada pels atemptats, la preferida pels suïcides palestins durant aquests últims mesos. Evidentment, atempten on poden, però, sobretot, al trapezi geomètric que va del carrer Jaffa i la plaça Zion al carrer Hillel, i del carrer King George V al carrer Yoel Salomon. El trapezi el travessa més o menys en diagonal el carrer Ben Yehuda, que deu el nom al jueu lituà que va liderar el renaixement de l'hebreu com a llengua d'ús en la vida quotidiana.

A l'agost de l'any passat un terrorista suïcida va causar divuit morts i més de vuitanta ferits a la pizzeria Sbarro, a la cantonada de King George V amb Jaffa. L'1 de desembre hi va haver tres atemptats quasi simultanis: a la plaça Zion i als carrers Ben Yehuda i Rabin Kook. A l'endemà, tres atemptats al voltant de la plaça Zion, amb poc temps de diferència. El resultat: una trentena de morts i tres mil ferits. El 22 de gener, un palestí disfressat de policia israelià va obrir foc contra la gent: una altra vegada a la cantonada de Jaffa amb King George V. Va ferir trenta persones. El 27 d'aquell mateix mes, una suïcida va explotar i es va matar a sí mateixa i a un home de vuitanta-un anys. El 21 de març, de nou al carrer King George V, va aparèixer un suïcida vestit de jueu ultraortodox. Van morir dues persones i hi va haver vuitanta-set ferits.

Les hores crucials acostumen a ser les del dissabte a la nit, quan, acabat el sàbat, la gent torna a sortir, amb preferència per aquest trapezi de carrers ple de bars, cafès i restaurants. La nit d'aquest dissabte al diumenge la zona estava acordonada per soldats—vestits de camuflatge, amb cascos, jaquetes antibales i metralladores—que impedien l'accés al carrer central, Ben Yehuda, de manera que per anar d'un lloc a l'altre havies de fer la volta pel perímetre. Els soldats són aquí una cosa tan quotidiana com els falafels i els xauarmes. Són en molts encreuaments de carrers i en algunes parades d'autobús, i entren i surten dels bars i els restaurants amb la metralleta a les mans. Al Café Hillel del carrer Jaffa (el que nosaltres en diríem un cafè *modern*, i objectiu declarat dels suïcides) durant el dia hi ha sempre un soldat, amb l'arma a les mans, assegut en una cadira davant de la porta, al costat de les taules on la gent xerra al sol i pren cafè. De manera que aquesta nit ningú no s'immuta per haver de caminar una mica més. Si un dels terroristes suïcides dels últims mesos es va disfressar de soldat israelià i un altre de jueu ultraortodox—amb pantalons negres, camisa blanca, barba postissa i kipà (el solideu ritual que els jueus porten al cap)—, i tots dos van aconseguir l'objectiu, és evident que aquí tothom és sospitós.

Abans d'ahir parlava d'aquesta situació amb el director de l'hotel i avui m'ha deixat, al compartiment de la clau, un retall d'un diari hebreu. És un acudit gràfic, sense paraules (afortunadament per mi), on es veu un home amb una cartera de mà que llança una mirada de sospita a les mamelles voluminoses d'una dona que, a la vegada, mira amb sospita la cartera d'aquell. Al seu costat, un home panxut i amb kipà mira amb sospita el monopatí d'un nen. Però, alhora, un ultraortodox amb barret alt i negre contempla amb sospita la panxa massa gran de l'home del kipà. Mentrestant, un altre home, amb camisa verdosa i un diari sota el braç, fa un cop d'ull de sospita al barret alt i negre de l'ultraortodox. Però el diari que l'home de la camisa verdosa du sota el braç és també objecte de sospita per part d'una dona que l'observa amb el dubte de si conté alguna cosa més que paper de notícies. ¿I el nen amb monopatí, que hem deixat abandonat fa estona? Doncs el nen contempla amb mirada de sospita un ocell que voleteja davant seu. A tot arreu—a l'interior de qualsevol cosa, persona o animal—s'hi pot amagar la bomba d'aquesta nit.

És un acudit que explica perfectament la situació que es viu. Cada desconegut que entra a un bar, cafè o restaurant és objecte d'una ràpida mirada interrogadora. A la cantonada dels carrers Hillel i Rabbi Akiva hi ha la cafeteria Aroma, a tocar de la qual, el 21 de març—fa poc més de dues setmanes—, un palestí es va immolar en mig de la multitud. És una cafeteria petita i agradable, de fusta i amb miralls a les parets. Tenen cafè, te, pastes i unes quantes taules a la vorera. Cap guàrdia de seguretat. En canvi, sí que n'hi ha al restaurant italià del costat, Focaccia, un d'aquests restaurants amb poca llum i espelmes a les tauletes. El guàrdia de seguretat porta un plastró que anuncia la feina que fa, i un detector de metalls per controlar el cos de tothom que hi entra. Molts restaurants fan el mateix. El McDonald's, per exemple, un dels pocs que queda obert durant el sàbat. I el Shorka, on, a més, et demanen un carnet o passaport que t'identifiqui. El costum no està generalitzat, perquè, en canvi, no hi ha cap guàrdia de seguretat a la pizzeria Chili's, on la gent entra i surt i s'aglomera a la barra que hi ha contra la paret, disposada a menjar-se unes pizzes boníssimes. Al bar Rif Raff, al carrer Darom, el control de seguretat és incongruent. El guàrdia m'atura a la porta, em pregunta no sé què i, quan veu que no l'entenc, dóna per certificat que sóc estranger i, per tant, aliè al conflicte i sense intencions d'immolar-me a tocar de la barra.

El Rif Raff és una delícia de bar. Està obert vint-i-quatre hores al dia, els set dies de la setmana, cosa que no deu complaure els ortodoxos. Com en molts bars israelians, el públic és jove però la música és d'uns quants anys enrere. En aquest, pels altaveus sona Blondie i, després, Sade. (Al Mike's Place, al carrer Yohanan Horkanos, fa una hora sonava *American woman*!) La música que se sent és de fa dècades, però tenen connectat el televisor—sense so—a una cadena amb videoclips actuals. Una de les tres cambreres—rossa, de cabells curts, nas gran i llavis prominents—es belluga al ritme de la música. Els clients beuen amb calma. No es percep cap sensació d'inquietud tot i ser en ple centre de la zona perillosa. Hi ha pocs clients. ¿Està més buit el local aquests dies que temps enrere? Les cambreres diuen que moltíssim més buit i que en tots els bars passa el mateix. Un representant de l'Associació Israeliana d'Hostaleria explicava aquesta tarda a la televisió que el descens de públic comença a ser econòmicament preocupant, i que volen que el govern pagui el cinquanta per cent del cost dels guàrdies de seguretat que bars, restaurants i hotels es veuen obligats a contractar. El representant demanava a la població que torni a sortir a sopar, a pendre una copa, a divertir-se. S'ha quedat a un pas de repetir la consigna de l'alcalde de Nova York, Giuliani, després dels atemptats del setembre: cal que la vida de la ciutat no s'aturi, perquè, si la vida de la ciutat s'atura, llavors *ells* han començat a guanyar.

Al segon Jameson m'assec com si hagués vingut a aquest bar centenars de vegades. Entra un home amb armilla taronja fluorescent, parla amb el guàrdia de seguretat, s'acosta a una de les cambreres, li fa unes preguntes, torna a sortir, parla de nou amb el guàrdia de seguretat i se'n va. Ara, mentre pels altaveus sona ni més ni menys que Marvin Gaye, al televisor passen un videoclip d'una cantant israeliana. Se la veu corrent per un carrer, al costat de dos ultraortodoxos. És una cursa. Finalment guanya ella, ells cauen a terra i la noia, somrient, li posa a un el barret de l'altre, i el d'aquell se'l posa ella. Suposo que deu ser un videoclip amb pretensions provocadores. I aleshores me'n recordo de Dana International, la transsexual que va guanyar Eurovisió el 1998 amb *Diva*, i que va provocar un debat fins i tot polític sobre si una transsexual podia o no representar Israel en un festival de cançons. Potser la cantant del videoclip era Dana, però ara ja no hi ha manera de saber-ho perquè el videoclip s'ha acabat i n'han posat un altre, que tampoc no se sent perquè pels altaveus continua sonant Marvin Gaye.

La Vanguardia, 8 abril 2002

LLUNY D'OHIO

Davant l'edifici de l'ajuntament hi ha uns indicadors verds que, en lletres blanques, assenyalen direccions: la de Tel Aviv i la de Ramallah. L'indicador de Tel Aviv continua tenint sentit, però el de Ramallah en té poc, almenys pels automobilistes normals i corrents. Per aquesta cantonada passen sovint furgonetes de l'Onu, blanques i amb les lletres UN pintades en negre, als laterals i a la porta de darrere. Fa un parell de dies vaig veure passar, a tota pastilla, una ambulància de la Mitja Lluna Roja.

A escassos metres, a l'inici del carrer Jaffa hi ha un bar amb la bandera romanesa al rètol de plàstic que presideix la porta. Es diu La Bolta Rece i porta per subtítol «International Phone Restaurant Bar», enunciat que dóna una idea bastant aproximada de la mena d'establiment que és. És dels bars que queda obert durant el sàbat. Després de baixar unes escales costerudes trobes un soterrani sense ventilació, amb una taula de billar de color granat, i algunes tauletes al voltant. Tant els clients com els dependents són romanesos, i en romanès és la llista de preus. La barra fa mig metre de llarg, completament ocupat pels tres homes que beuen cervesa. En demano una, i em diuen que l'agafi jo mateix de la nevera i després la pagui. Com que no em donen got, bec a morro. Darrere d'una cortina de plàstic blanca, estampada de gavines clavadetes a les del logotip del Pp però en negre, una dona amb jersei vermell i cenyit cuina alguna cosa en una paella que espetarrega. Hi ha molts romanesos treballant a Jerusalem. Els dissabtes, aprofitant que és sàbat i les empreses tanquen, s'apleguen a la Ciutat Vella, a l'esplanada davant del Portal de Jaffa, i si, com és habitual, el sol rosteix, omplen el carrer del Patriarcat Llatí, on hi ha ombres i frescor. Són dotzenes i dotzenes d'homes que compren la cervesa a les botigues i se la beuen al mig del carrer.

És una mena d'immigració filla de la fam, diferent de la del cambrer del bar Abu Shanab davant la porta del qual els romanesos s'aglomeren, observats de lluny per dos jerosolimitans que, asseguts a l'ombra, fumen narguils, pipes d'aigua. El cambrer de l'Abu Shanab no fuma, ni narguils ni cigarrets. Porta barba curta, entre castanya i daurada, somriu amb amabilitat i d'entrada se t'adreça en anglès. És d'Ohio, fa quasi dos anys que viu a Jerusalem i li agrada la ciutat. No té cap mena de por. Explica que, fins que no va començar la segona intifada, la vida a Jerusalem era una delícia. Ara potser no ho sigui tant, però malgrat tot li encanta la gent, la barreja de cultures i religions. Gairebé amb orgull, confessa que el perill que es respira, més que atemorir-lo, l'excita. Viu a la Ciutat Vella, damunt de la botiga d'un pastisser i això també li encanta. És un home feliç. A Ohio no tenia res d'això, tot era—diu—*home cooking*, cuina casolana, i per menjar res diferent havia d'anar a Columbus, la capital de l'estat, però Columbus tampoc no era el súmmum del cosmopolitisme. Li pregunto com és que, si el que buscava era cosmopolitisme, no va decidir anar a altres ciutats americanes, com Nova York, on no tot és *home cooking* i la barreja n'és precisament una de les característiques essencials, però per la cara que posa em sembla que no li agrada Nova York. Em serveix una cervesa Maccabee, ben freda.

Per un noi d'Ohio que fins fa dos anys tenia el màxim cosmopolitisme a Columbus, la Ciutat Vella de Jerusalem deu ser una borratxera de sensacions. Al Portal de Damasc, una multitud bigarrada pul·lula pel carrer que baixa en pendent fins a bifurcar-se en dos. Hi ha monjos ortodoxos grecs, sacerdots catòlics, rasurats i amb sotana, i grups de soldats israelians amb la metralleta a les mans. I moltes monges. Monges joves, amb galtes fines i acolorides, i monges ancianes que caminen sota el pes d'una esquena encorbada com en una caricatura. Hi ha musulmans que pugen la costa amb grans caixes al cap, i marrecs que la baixen en bicicleta. El xoc visual commou. I també el sonor, perquè tothom parla a crits. Venen pa, maduixots, sabates, espècies de mil i un colors, mitjons, plàtans, broquetes de carn amb una aroma que no té res a veure amb la que a les nostres latituds ens presenten com a moruna. A l'esplanada de davant del Portal de Damasc hi ha un mercat d'objectes de segona mà, amb parades on trobes des de cotxes de nen fins a sabates, passant per llums i cafeteres velles. Tot desballestat, i amb el mercat envoltat de grans masses de merda de cavall que ningú no s'encarrega de netejar. De seguida que et detecten l'aspecte de foraster intenten que els paris atenció. I portar-te en taxi a Tel Aviv, per exemple, o al carrer Jaffa, encara que sigui a dues passes. O vendre't un acordió de postals per un dòlar. Si dius que no el vols, te'l rebaixen a dos xéquels, que és menys de la meitat. I, si dius que no, a la meitat de la meitat.

És el regne de l'estafa sistemàtica. Ai d'aquest grup de turistes italians—pare gras, dona i dos nens—que acaben d'asseure's, la mar de feliços, al restaurant Moses Art, un libanès que està davant del Museu de la Torre de David, i que demanen per menjar sense consultar prèviament la carta de preus! Encara que el nombre de turistes ha baixat de manera espectacular, encara n'hi ha. Sobretot americans; europeus, menys. Precisament perquè en són pocs, els comerciants se'ls llancen al damunt amb avidesa. La consigna és: falsa adulació, regateig, insistència i un punt d'intimidació. No accepten un no per resposta i fan cara d'ofesos si repeteixes aquest monosíl·lab diverses vegades. I, de sobte, canvien de cara i et conviden a casa seva. «Visc allà mateix. Vull ensenyar-li unes coses. Vingui, vingui! No em pot refusar la invitació!»

Les diferències entre els quatre barris de la Ciutat Vella són considerables. L'armeni és sobri, discret, amb cartells que expliquen la història del genocidi d'aquest poble. Hi viu poca gent, cada vegada menys. Al barri cristià, a l'hora d'entrar i sortir de les escoles hi ha grups de nens i nenes amb uniformes impecables. Hi ha molts nens, a Jerusalem. Al carrer del Patriarcat Ortodox Grec, banderes gregues i de Sant Jordi. Molts rètols recorden la força del francès fa un segle: «Collège de Terre Sainte», «Soeurs de Saint Joseph». A tota la ciutat hi ha records d'aquella època gloriosa de la llengua de Fabien Barthez: «Alliance Israelite Universelle», «Place du Judaïsme Français», «Hôpital Français Saint Louis». Hi ha també una llibreria francesa al Jerusalem oest, i, aquí, al Jerusalem antic, meravelles bilingües com «Collège des Frères de La Salle High School» o el mateix rètol del carrer, «Frères Road», que als catalans ens recorda inevitablement aquella època en que els sacerdots de les escoles eren «els hermanos» i el que clavava les bufetades «l'hermano Ramon», si es deia Ramon. En una paret hi ha una pintada en esprai d'una falç i un martell, de fa un munt d'anys.

El barri àrab és estret i fosc, un soc humit en molts trams del qual no entra el sol perquè els carrerons discorren sota les cases i algunes zones són quasi catacumbes. (A mitjanit tot és desert. No hi ha absolutament ningú, excepte quatre nois que es dediquen a trencar fanals a cops de pedra i que, quan ens veuen—a Tomás Alcoverro i a mi—, ens assetgen al crit de «Give me one dollar!», que, al cap de no res, amb la lliçó de la rebaixa apresa dels seus pares, es converteix en un «Give me one shekel!») Però de dia és diferent: els carrerons estan a vessar de gent i, quan se sent la crida del muetzí, repetida per altaveus instal·lats a les parets, de tot arreu comencen a sortir homes que corren cap a les mesquites. Passen davant dels soldats israelians sense mirar-los, com si no existissin. Hi ha molts soldats patrullant. Segons quins dies, alguns carrerons estan tallats amb tanques. Els soldats observen la situació i els policies controlen qui vol passar-hi. Davant dels soldats, una munió de nens àrabs riuen, com si estiguessin a punt d'atiar-los. Per un moment penso que potser comencen els cops de pedra. Darrere dels nens àrabs, els seus pares els contemplen amb cara d'aprovació.

Un parell de carrers més enllà hi ha el barri jueu, un portent d'inversió remodeladora. S'hi han gastat una autèntica pasta gansa i les sinagogues impol·lutes conviuen amb les columnes romanes del Cardo, pulcrament rescatades de sota altres ruïnes posteriors. Entre unes ruïnes i unes altres, sota el nivell del carrer, galeries d'art i botigues de souvenirs, i, a les places, de retorn a la superfície, cafès escrupolosament nets. Ja és la tarda però el sol encara castiga. Per accedir a la gran esplanada que hi ha davant del mur de les Lamentacions s'ha de passar per portes amb arcs de seguretat de l'últim model. Un cop superats els controls, d'un edifici oficial que queda a la dreta irrompen, a les escales que baixen cap a l'esplanada, cinc policies que arrosseguen un home emmanillat. Es giren algunes cares, però sense gaire sorpresa. El porten fins a una furgoneta, el fiquen dins i s'hi queden tots, perquè la furgoneta no engega.

De tornada al Portal de Jaffa, ja no hi ha romanesos al carrer. M'aturo de nou al bar Abu Shanab. El cambrer d'Ohio s'avança abans que demani. «¿Vol una Maccabee?», pregunta. Em mira somrient. És un home feliç a la ciutat que somiava.

La Vanguardia, 9 abril 2002

EL QUE ES DIU AQUÍ DEL QUE PER AQUÍ PASSA

La zona oest de Jerusalem és plena de petits barris que es van anar creant durant el segle xix. Me'a Shearim és un barri ultraortodox, l'únic exemple de gueto preholocaust que queda al món, t'expliquen. A les visitants les reben amb cartells explícits: «Sisplau, no passin pel nostre barri amb vestits immodestos.» En lletra més petita aclareixen quins vestits són exactament els acceptables: «Brusa de botons amb màniga llarga, faldilla llarga, no res de pantalons ni vestits ajustats.» El silenci del barri només el trenca el soroll de l'autobús que passa pel carrer principal. Els habitants vesteixen a l'estil dels països centreuropeus del xviii i, en èpoques més pròsperes pel turisme, el barri era tan visitat que van haver de col·locar pancartes demanant que, sisplau, els turistes no passessin en grups. És sabut que el grup condueix al comportament gregari, al descontrol, a la burla i a la cridòria que trenca la calma.

Hi ha molts altres petits barris. Nahla'ot, Bukharia, Nahalat Shiv'a... La majoria són formats per cases d'una única planta o de dues, construïdes quasi sempre al voltant d'un pati interior. I entre un barri i l'altre a vegades s'aixeca, de sobte, un gran edifici comercial. Mahane Yehuda és un d'aquests barris, un barri de treballadors que té al centre el mercat que passa per ser el més barat de la ciutat, el que té els productes de més qualitat i els botiguers més de dretes. A cada entrada, grups de policies armats. El juliol del 1997 els fonamentalistes islàmics hi van posar una bomba i van matar quinze persones. És una superfície enorme, amb parades on es ven de tot. Banderes d'Israel, kipàs, matalassos, llençols, mitjons, galetes de nous i mel, tota mena de fruits secs—nous, cacauets, festucs, altres que no sé reconèixer...—, pastissos, humus, dotzenes d'amanides, peixos fumats, formatges frescos, maduixots, plàtans, olives, bitxos, dàtils, figues seques, carxofes enormes i muntanyes d'alls acabats d'arrencar, morats i amb la terra encara adherida. Les espècies—d'un colorit radical—desprenen tantes olors i tant penetrants que és inevitable aturar-se i omplir-se'n els narius. I aleshores, de sobte, a les deu en punt del matí, sonen les sirenes i tot s'atura. L'olivaire deixa de servir olives, el pastisser deixa el pastís al seu lloc, els clients es queden quiets, amb els braços al llarg del cos i, al carrer, s'aturen autobusos, cotxes i vianants. Tota la ciutat, la nació sencera, queda immobilitzada. És el 9 d'abril, Yom Hashoa, el dia dedicat a la memòria dels sis milions de víctimes de l'Holocaust. El silenci és absolut. Ningú no es belluga. A les deu i un minut les sirenes deixen de sonar, l'olivaire torna a servir olives, el pastisser torna al pastís i els clients a parlar a crits. Al carrer, vehicles i vianants reprenen la marxa.

A la plaça Ya'aqov Kohen, davant del mercat, al capvespre s'apleguen grups d'asiàtics. S'asseuen a l'escultura central, xerren, miren les dones i riuen. Però a mig matí no hi ha ningú assegut. Més enllà del mercat, cap a l'oest, els trets asiàtics abunden encara més. I els eslaus. Hi ha gairebé tants locutoris públics com a la zona baixa de Barcelona. Però en lloc de cartells anunciant els preus de les trucades a l'Equador, Bolívia, la República Dominicana o el Marroc, aquí els cartells anuncien els preus de les trucades a Romania, Moldàvia, Turquia, Tailàndia, Grècia, Rússia, Ucraïna... Només una nació es repeteix sovint als locutoris de totes dues ciutats: Filipines. La presència russa i romanesa en aquesta zona de la ciutat es fa evident en els quioscos i en els rètols de les botigues. Després d'uns dies a Israel, per un ignorant d'hebreu com jo és un plaer enfrontar-se al ciríl·lic, que fullejava de nen en una enciclopèdia, i desxifrar que a la vela de la botiga de la vorera del davant hi posa «Optica», o «Gastronom» on venen menjar, i que aquest *gastronom* del carrer Agrippas, en concret, es diu Anastasia. O poder entendre alguna cosa del que diuen els diaris en romanès: «Guvern nou în Portugalia», per exemple. No saber ni tan sols l'alfabet del país que es visita és la pitjor maledicció per qui vol fer-se una idea del que publiquen els diaris. Les imatges dels més sensacionalistes són bàsicament de soldats avançant heroicament pels territoris palestins. Quan hi ha soldats morts, les fotos apareixen a primera plana. Ni una imatge de les cases palestines enderrocades. El mateix a la televisió. Si vols tenir una visió més equilibrada val la pena posar la Cnn, on, almenys, treuen els soldats entrant a les cases a cop de culata contra els vidres de les portes i les finestres. Que la Cnn sigui la font que calmi la set informativa diu força. D'Al-Jazira— al menys a la tele de l'hotel—, cap rastre, però cal suposar que, sobretot a la zona àrab de la ciutat, molts d'aquests milers d'antenes parabòliques que coronen els terrats de les cases hi busquen la informació.

L'únic diari israelià en llengua anglesa es diu *The Jerusalem Post*. És descaradament pro Sharon i, ironies de la vida, es va fundar amb el nom de *The Palestine Post*, capçalera que va dur fins que Palestina va deixar de significar el que havia significat sempre i va començar a designar una cosa diferent: el que significa ara pel món occidental. L'exemplar de *The Jerusalem Post* que tinc a la taula recull una enquesta, encarregada pel mateix diari, en la qual es determina que el setanta-dos per cent dels israelians està a favor d'una guerra a gran escala als territoris ocupats. A més, un trenta-sis per cent està a favor que

Yasser Arafat s'exilïi i un vint-i-tres per cent creu que, més que exiliar-lo, el que se n'ha de fer és «eliminar-lo». Així, tal qual. Just al costat d'aquesta enquesta, un anunci amb un gran titular: «L'Onu desestabilitza la nostra regió». A sota, un text que diu: «Segons la pròpia definició de l'Onu, els palestins de la Zona Oest i de Gaza no són refugiats. Durant l'últim mig segle, l'Onu ha finançat i administrat aquests camps de refugiats, i amb això ha creat una cultura de dependència, victimisme i oposició a una pau negociada. De fet, aquests camps han produït la majoria dels terroristes suïcides. Ha arribat el moment que l'Onu accepti la responsabilitat d'aquest resultat terrible.» Dues pàgines més enllà, un altre anunci. El titular: «El president Bush té raó: els que recolzen el terror són terroristes». El text: «1: per guanyar la guerra contra el terrorisme àrab, a més de la seva acció militar justificada, Israel ha d'expulsar del parlament tots els que recolzen el terrorista Yasser Arafat, cap de l'Olp! 2: ha d'elaborar procediments legals contra els esquerrans renegats que donen ajuda i protecció als enemics d'Israel! 3: ha de prohibir tots els mitjans de comunicació hostils, que distorsionen les notícies fins que encaixen amb el seu punt de vista parcial!» L'anunci el signa l'Organització de Víctimes del Terror Àrab.

Els que llegeixen anglès tenen una altra opció: el *Ha'aretz*. El diari és en hebreu, però n'apareix una versió en anglès, reduïda i encartada a l'*International Herald Tribune*. No sé si quan l'Organització de Víctimes del Terror Àrab parla de «prohibir tots els mitjans de comunicació hostils, que distorsionen les notícies fins que encaixen amb el seu punt de vista parcial» es refereix, entre altres, al *Ha'aretz*, però podria ser. Perquè els pals a Sharon i a la seva política cap als palestins hi són constants. Vegem, com a exemple, la ressenya que fa el crític de televisió del discurs que Sharon va fer el dilluns davant el Parlament. Després d'anotar que Sharon va començar parafrasejant un vers d'un poema de Haim Gouri en honor dels que van ajudar uns colons assetjats el 1948, escriu: «¿Com se suposa que ha de reaccionar l'espectador davant d'un inici així? ¿Es tracta d'un discurs festiu, d'un al·legat poètic o d'un missatge fatídic? Doncs, més aviat, el que se'n pot deduir—per les imatges i conceptes citats—és que la persona que feia el discurs pertany (i ens està retornant) al món del 1948. Els seus punts principals són: som pocs, estem assetjats, i, malgrat això, tenim la raó. I, evidentment, "estenem cap als nostres veïns la nostra mà pacífica, però amb l'altra mà els tallem el subministrament d'aigua i electricitat".» No està gens malament. I això, només a la crítica de televisió. Després vénen les anàlisis polítiques.

Quan he sortit del mercat de Mahane Yehuda he anat a un cafè d'internet, però dins només hi he trobat cinc màquines escurabutxaques i dos homes jugant a cartes en una taula de fòrmica blanca. Els ordinadors estan espatllats, m'han dit. Busco un altre cafè d'internet, on hi hagi ordinadors que funcionin, i entro en un centre comercial que hi ha a prop, al carrer Jaffa. A la porta, un guàrdia de seguretat d'edat prou avançada, desdentegat i amb un detector de metalls a la mà, m'atura i em pregunta alguna cosa. En anglès, li dic que no l'entenc i, com que aviat queda clar que no tenim cap llengua en comú, l'home somriu, agafa el detector de metalls amb totes dues mans i, com si fos un rifle, l'aixeca cap a la paret i amb la boca simula dos trets: «Pum, pum!» Aleshores entenc que el que em pregunta és si porto armes. Li contesto que no, amb grans escarafalls amb les mans, i em deixa passar sense ni tan sols passar-me el detector pel cos.

La Vanguardia, 10 abril 2002

Ja és el súmmum que, al taxi que et porta de Jerusalem a Tel Aviv, el taxista també et parli del Barça. El procés—que es repeteix amb botiguers, barbers i veïns de barra—s'inicia sempre amb la pregunta «Where are you from?» Quan respons «I'm from Barcelona», inevitablement s'acaba parlant de futbol. Però, a diferència del comerciant de joies de fa uns dies, aquest taxista té més idea de com està la situació: «Barcelona this year no good.» Són les seves paraules literals. Li explico que anit va remuntar davant del Panatinaikós. Però no es deixa intimidar: «Panathinaikos no good either.»

Al llarg de l'autovia que va de Jerusalem a Tel Aviv els pobles se succeeixen l'un a l'altre, idèntics en la llunyania. Totes les cases semblen iguals. Totes d'una pedra d'un blanc grisós, sòbries, d'una arquitectura simple, concebuda per suportar aquest sol mediterrani que, fins i tot en aquesta primera hora del matí, cau a plom sobre les grans mates de ginesta que fistonegen l'autovia. El taxista porta la ràdio engegada. Les notícies. Me les tradueix: aquest matí, en una carretera a prop d'Haifa ha esclatat una bomba en un autobús. Han mort almenys vuit persones i n'hi ha catorze de ferides, sis de les quals molt greus. La policia suposa que es deu haver tractat d'un terrorista suïcida que ha pujat a l'autobús en una de les primeres parades. La notícia se suma a la que avui ocupa les portades dels diaris: ahir, a Jenin, en una emboscada, amb l'ajuda d'unes quantes mines convenientment disposades, un kamikaze palestí va matar catorze soldats israelians.

A Tel Aviv, tinc el mar a cinquanta metres de l'hotel. És la platja Frischman i hi ha un monòlit amb una inscripció que explica que el 22 d'agost del 1939 la resistència sionista va aconseguir trencar el setge britànic i que hi arribés un vaixell: «Vuit-cents seixanta immigrants il·legals, rescatats de la persecució a Europa, van desembarcar en aquesta platja». Sota el sol, les onades rebenten ara contra un espigó i a la sorra no hi ha cossos d'immigrants exhausts per la llarga travessia, sinó gandules de coloraines, cadires de plàstic, persones que es bronzegen i llepen gelats, i fins i tot una que s'atreveix a banyar-se. Hi ha un munt de xiringuitos i algun lloc de vigilància. I bars, molts bars, amb camions que descarreguen refrescos i cerveses. Els homes passegen en pantaló curt, en banyador, amb samarreta imperi o sense samarreta. En les dones sorprèn la quantitat de minifaldilles, sobretot venint de Jerusalem, on en cinc dies només n'he vist tres. Allà el que predomina és la faldilla llarga.

Tel Aviv significa «turó de la primavera», i li van

posar aquest nom a partir d'una frase de la Bíblia (Ezequies, 3:15). Però, tot i ser-ne present, aquí la cosa bíblica es mostra amb més discreció que a la capital del país. Per tot arreu hi ha hotels i bars amb noms tan indicatius com Barracuda, Acapulco, Caligula o Cleopatra («Sexy Girls Strip Show & Bar»). Més enllà hi ha un Boccaccio (ben escrit, amb totes les ces), però no és una boîte, com la mítica de Barcelona, sinó un restaurant italià. Hi ha molts locals de lloguer de cotxes, i botigues d'accessoris per practicar surf. És evident que, aquí, això del surf ha arrelat. En alguns bars tenen connectat sempre el canal Surfer Tv. M'explica un afeccionat: «N'hi ha de tan bojos pel surf que el practiquen tot l'any. Però és més habitual fer-ho a l'estiu. Aquí les onades no són tan altes com en altres llocs del món.» Hi ha bars brasilers, mexicans, irlandesos (Molly Bloom's, per exemple) i alguns tipus circulant en Harley Davidson. Als quioscos exhibeixen *Penthouse*, *Playboy*, *Hustler* o *Club*, sense cap problema, i les botigues de roba interior femenina mostren fotografies de dos metres d'alçada que a Jerusalem resultarien impensables. Els bars més a prop de les platges proclamen en grans lletres cridaneres: SALSA!, HIP HOP!, DANCE!, HOUSE! Al Joey's Bar del carrer Allenby anuncien una gran festa pel Dia de la Independència (el dimecres que ve, 17). A la paret, entre fotos de grups de joves i no tan joves completament beguts, el cartell anuncia que la festa serà «de les 20:00 fins a les 08:00, o més tard...».

Si ja a Jerusalem Oest el que passa a Cisjordània, quedant-los al costat, els sembla prudencialment llunyà, aquí, a Tel Aviv, és com si fos a mig món de distància. El que fa pànic són els terroristes suïcides. Hi ha controls de seguretat a les entrades dels centres comercials i dels restaurants, i es veuen policies amb metralletes pel carrer, però menys que a Jerusalem. Això sí, al llarg de la costa, en tot el matí, no cessa el constant anar i venir d'helicòpters, a baixa altura. També volen baix els avions comercials. No sé si és que l'aeroport és a la vora i ja inicien les maniobres d'aterratge, però el cas és que se'ls veu tan a prop i tan enormes que és facilíssim identificar-hi els logos de les companyies aèries. Hi ha moments en què sembla que són a punt de fregar els terrats dels gratacels. Hi ha bastants gratacels a Tel Aviv. I excavacions per instal·lar-ne els fonaments de molts més. És una ciutat nova i arquitectònicament canviant. La data oficial de fundació, com a entitat superior al port de Jaffa, és el 1909. És a dir que, d'aquí a set anys, celebrarà el primer centenari. ¿Què és un segle, comparat amb la quantitat de segles que Jerusalem carrega a les espatlles? Si el pròxim Dia de la Independència el Joey's Bar muntarà una festa «fins a les 08:00, o més tard», suposo que per celebrar el primer segle de Tel Aviv la festa durarà una setmana seguida, com a mínim. Hi ha molts tòpics sobre la vida alegre de Tel Aviv, tòpics que fomenta la inevitable comparació amb Jerusalem. Diuen que és «la ciutat que mai no dorm», però això es diu de tantes ciutats al món... Diuen també: «A Jerusalem resen, a Tel Aviv carden i a Haifa treballen.» Una versió més suau de la frase canvia el verb «cardar» per «ballar», però la idea bàsica és la mateixa. Com es veu, això de comparar ciutats és condició innata de la naturalesa humana. A Itàlia juguen amb el contrast laboral entre Milà i Roma. I, fa temps, s'establien comparacions similars entre Barcelona i Madrid.

Els pobres que s'aposten als semàfors també demanen caritat als taxistes. Aquest costum és diferent al nostre. En canvi no es diferencien gaire de nosaltres quan condueixen per l'autopista. Molts van pel carril del mig, i els més ràpids pel de l'esquerra, però pel de la dreta no hi va gairebé ningú, i els espavilats ho aprofiten per avançar. I, a ciutat, quan arriben al semàfor no aturen el cotxe a la ratlla prèvia perpendicular a la vorera, sinó just enmig del pas zebra. Un altre costum que compartim és el d'anar en moto per la vorera, a tota pastilla. Amb una variant: aquí, a més, toquen el clàxon al vianant que troben pel camí, perquè s'aparti. Els encanta tocar el clàxon. Els taxistes el toquen cada vegada que detecten un possible client. Hi ha molt Mister Musculet, moltes banderes amb l'arc de Sant Martí i algunes noies porten diademes amb aquest mateix arc.

Queda clar que als telavivans els va el rotllo dels cafès amb tauletes a les voreres; els va tant que al centre és difícil trobar bars amb barra. Diuen que la ciutat s'assembla a Miami—suposo que per la quantitat de platges i perquè algunes cases estan pintades de colors apastelats: rosa, blau, verd...—però, segons quines zones, més que Miami, recorden Lloret, Benidorm, S'Arenal o la mateixa Calella de la Costa. Al Barri Iemenita els noms dels carrers són en hebreu, en àrab i en anglès, però només a les plaques antigues, de ceràmica. A les plaques noves, metàl·liques, l'àrab ha desaparegut. Passa el mateix a les plaques que els advocats i els notaris tenen a la porta de casa seva, indicant nom, professió i pis. A les antigues—de ferro esmaltat—conviuen tots tres idiomes. A les més recents també s'ha esfumat l'àrab. I més cap al centre abunden els rètols en ciríl·lic. Al carrer Ha'meleh George hi ha una licoreria plena d'ampolles d'arak i de vodka, amb marques com Smirnovka o Stolijnya (aquesta imita les lletres i els colors de l'etiqueta de Stolichnaya). Quan veu que les observo amb atenció, el botiguer m'invita a passar. Acabem conversant una estona, indefectiblement arribem *al tema* i, perquè no sigui dit, li pregunto què opina del que passa als territoris palestins.

—¿De què em parla?—em contesta—. Jo me'n

vaig anar de Rússia quan allò encara era l'Urss i això per mi és el paradís. O gairebé. ¿I dels terroristes suïcides, què me'n diu? Avui han mort vuit persones, a prop de Haifa.

Abans d'ahir el diari *Ha'aretz* publicava un acudit gràfic que dóna una idea de l'humor amb què alguns s'enfronten al que està passant. Per un carrer amb restaurants, cafès i croissanteries buides (perquè la gent es queda a casa per por de sortir) caminen dos individus bigotuts, amb la cintura folrada d'explosius. Quan veuen que no hi ha absolutament ningú a qui matar, un li diu a l'altre: «Merda! No hi ha ni una ànima vivent.»

La Vanguardia, 11 abril 2002

ELS TRAÏDORS I ELS IDIOTES

Als carrerons del barri jueu de la Ciutat Vella de Jerusalem venen, entre altres coses, pòsters d'una fotografia en blanc i negre de Moshe Dayan i Yitzhak Rabin amb vestits militars i caminant amb pas ferm i orgullós per Jerusalem Est, tot just conquerit. Era la guerra dels Sis Dies i Yitzhak Rabin era aleshores un general dur i de boca calenta. ¿Un exemple? L'abril del 1967, el govern israelià va anunciar que cultivaria les terres de la zona desmilitaritzada entre Israel i Síria, una zona que tots dos països reclamaven. Quan els israelians es van posar a llaurar aquelles terres, els siris van començar a bombardejar-los. Com a resposta, Israel va enviar setanta reactors carregats de napalm, va abatre sis avions siris i va aconseguir la majoria dels objectius. En el fervor de l'èxit bèl·lic, un fanfarró Yitzhak Rabin va declarar a Ràdio Israel: «Arribarà un dia que entrarem a Damasc i expulsarem el govern siri.»

Yitzhak Rabin, l'home que va ser falcó abans que colom, va morir el 1995, el 4 de novembre, després d'un míting a favor de l'acord de pau d'Oslo al qual havien assistit cent cinquanta mil persones, segons uns, o tres-centes mil, segons uns altres.

(Aquí també seria necessari un grup com Contrastant, que es dediqués a treure els comptes de les concentracions polítiques.) Saltant-se tots els controls de seguretat, un jove jueu ortodox, Yigal Amir, va arribar fins a Rabin, li va disparar a boca de canó i el va matar. La plaça on això va passar porta ara el seu nom, però en alguns mapes dels hotels encara apareix l'antic: Malkhei Yisra'el, Reis d'Israel. És el lloc habitual de les grans concentracions telavivanes. El 1982 quatre-centes mil persones s'hi van reunir per protestar per la complicitat d'Israel en la matança de palestins als camps de refugiats del Líban. La plaça és enorme. Als laterals hi ha bancs, i alguns arbres, però la major part de la superfície és dura. Al sud hi ha un monument a l'Holocaust i al Renaixement de la Nació Jueva. Com que amb l'art abstracte no se sap mai, tenen la delicadesa d'explicar-te'n el significat en una placa: «A la base de l'escultura de Yigael Turmakin hi ha un triangle groc i, superposada, una piràmide invertida. Quan s'ajunten, tots dos elements creen la forma de l'estrella de David.» En un banc hi ha un noi llegint, en l'altre dues noies enraonant (cada una pel seu mòbil), i en un esglaó de la plaça un parell d'homes juguen a backgammon. Hi ha una autèntica passió pel backgammon, en aquest país. Hi juguen a les taules dels bars, i els botiguers a les botigues, mentre esperen els clients. Aquest matí he vist un parell de punkies—hi ha pintades de «Punkies not dead» en algunes parets dels carrers posteriors del mercat de Ha'carmel—, amb cresta i piercings a les celles, orelles i nassos, absorts en una partida de backgammon.

Al nord de la plaça es dreça la mola de l'ajuntament, mastodòntica, d'una arquitectura gairebé soviètica. En el nom, l'ajuntament unifica Tel Aviv i Jaffa, un continuum urbà on viu un terç de la població d'Israel. A les voreres que envolten la plaça hi ha fruiteries, perruqueries, bars i cafès, algun colmado, botigues de revelat de fotos i una que exhibeix vestits de núvia a l'aparador. Al nivell del carrer hi ha un pàrquing, cobert per una gran esplanada que dóna accés a l'ajuntament i a la qual els vianants poden accedir per unes escales. Un parell de joves es llancen un frisbee vermell. Davant de la porta lateral de l'ajuntament hi ha un gran bust de Yitzhak Rabin, amb les dates de naixement i mort (1922-1995). El text és en hebreu, àrab i anglès. I just al costat hi ha les escales al peu de les quals va morir, i que el 1995 vam veure dotzenes de vegades per televisió.

Al costat de l'escala hi ha una gran placa de bronze on es descriu l'assassinat. Els caràcters tipogràfics més grans especifiquen una hora: «21:40», el minut exacte en què es va produir l'atemptat. En un rectangle, un baix relleu reprodueix l'instant. S'hi veuen Rabin, els guàrdies de seguretat, altres autoritats, i Yigal Amir, que allarga el braç amb la pistola i dispara. Les figures del baix relleu són siluetes sense faccions. Per comptes de faccions hi ha un número. A sota del rectangle amb les figures, hi expliquen a qui correspon cada xifra. «1: el primer ministre.» El 2, el 3, el 4, el 5, el 6, el 7, el 8 i el 9 són guardaespatlles i autoritats, i després de cada un d'aquests números hi ha el nom complet de la persona i el càrrec o funció. A l'últim de la llista diu, simplement: «10: l'assassí».

És una narració molt meditada. Primer, l'absència de faccions. Després, la fredor dels números. I, per acabar, el fet que se citin els noms de tots els presents menys els dels dos protagonistes: l'assassí i l'assassinat. Per les escales, la gent puja a l'ajuntament, o baixa, sense aturar-se davant del baix relleu. En aquests últims anys el deuen haver vist infinitat de vegades. Bufa un vent fortíssim, accentuat pel congost artificial que forma l'alt edifici de l'ajuntament amb l'edifici de la vorera posterior. A terra, al lloc exacte on va caure Rabin, hi ha un quadrat de grans pedres negres, irregulars, col·locades de forma que per les escletxes entre unes i altres s'entreveu una llum rogenca. Hi ha una inscripció: «Aquí, en aquest lloc, el dissabte 4 de novembre del 1995 va ser assassinat el primer ministre i ministre de Defensa d'Israel, Yitzhak Rabin. Que la pau sigui el seu llegat.» Damunt de la cadena que protegeix el monument, una corona de flors. És un lloc insòlit per un monument, perquè de fet està just en el pas que va cap al desangelat pàrquing. A les parets que duen fins als primers cotxes aparcats hi ha fotos de les pintades que les van cobrir els primers dies després de l'atemptat, i fotos dels centenars d'espelmes que es van encendre en aquest mateix pas. Hi ha també plafons amb la biografia de Rabin en hebreu, àrab i anglès.

A uns cent metres del monument, al mateix carrer Ibn Gvirol, dos nois i una noia sostenen una pancarta esquinçada. Es cobreixen el cap amb barrets de palla. Davant d'ells, una taula amb un full de paper on algunes persones firmen. Però la majoria dels que els envolten no firma sinó que els increpa, a crits. Sobretot una senyora amb ulleres de sol i un home que, de tant cridar, s'ha posat vermell i sembla a punt de l'infart. A un noi que observa l'escena li demano que em tradueixi el text de la pancarta. Diu: «Que els soldats i els colons tornin immediatament. Deteniu la colonització dels territoris palestins. Deteniu la guerra.» També em tradueix el que diu l'home enrogit—«Traïdors! Idiotes! Li feu el joc a Arafat!»—i em diu que fa una estona els han atacat per trencar-los la pancarta. Els dos nois i la noia aguanten estoicament el xàfec d'insults i, a qui s'acosta a firmar, l'hi agraeixen. Un dels nois que aguanta la pancarta m'explica que són un grup d'amics que han decidit que això no pot continuar així, que la situació és molt greu, que s'ha de fer alguna cosa i que, ja que no poden fer res més, s'hi planten amb la pancarta. «S'ha d'acabar amb la guerra», em diu. «El que el govern d'Israel està fent amb els palestins és una bogeria. S'ha d'acabar amb les matances, d'una banda i de l'altra.»

Per qui està acostumat al contrari és suggestiu veure com el sol es pon pel mar. Pel carrer que discorre paral·lel a la platja passa un Volkswagen Beetle decorat amb una enorme llauna de Red Bull al sostre. No crec que hi hagi cap país al món amb tanta devoció per aquesta beguda. La trobes pertot, de forma ostentosa. En molts colmados és a la porta, en un gran display en forma de llauna. Als bars nocturns i a les parades de sucs de fruites hi ha petites neveres ben plenes. Fins i tot he vist Red Bull en un restaurant xinès, d'aquests que han suprimit els plats de porc de les cartes i adoptat la resta de normes perquè la seva cuina sigui tan plenament caixer com aquest vi que produeixen a la cooperativa de Capçanes.

Durant tot el dia no han deixat de passar helicòpters—generalment de dos en dos—al llarg de la línia de costa. Ara, de nit, se'n veuen els llumets vermells intermitents. És tard i les taules de la pizzeria Domino del carrer Hayarkon han anat quedant buides. Cada tant, el repartidor hi entra i al cap de poc en surt carregat de pizzes, les fica a la caixa posterior de la moto que té a la vorera, s'hi enfila i se'n va. L'encarregat del local em pregunta si la pizza és bona. Per no entrar en detalls li dic que sí i que com va tot. «Fatal, sense turisme és la ruïna.» Li pregunto com acabarà tot això. Hi fica cullerada el que col·loca les pizzes al forn: «¿Tot això? Això no acabarà mai. Aquesta història té arrels de quatre mil anys. Hi haurà temps millors i temps pitjors, però, acabar, no acabarà mai.» I ¿com es pot viure així?, li dic. Fica una altra pizza al forn, recolza la pala contra la paret i em contesta: «Doncs vivint. Fins que et mors no pots deixar de viure.» De forma dissimulada anoto ràpidament la frase, perquè em sembla digna del Mao Tse Tung que una vegada va escriure: «Ciclista és qui va en bicicleta.»

La Vanguardia, 12 abril 2002

AQUESTA EDICIÓ, PRIMERA, DE
«CATORZE CIUTATS COMPTANT-HI BROOKLYN»,
DE QUIM MONZÓ, S'HA ACABAT D'IMPRIMIR,
A CAPELLADES, EL MES DE FEBRER
DE L'ANY 2004.